Vorwort

Der Bodensee – ein See – viele Gesichter

Reiseführer vom Bodensee gibt es bereits jede Menge. Anwohner und auch Touristen denken, dass sie den See zur Genüge kennen. Die Aufgabe, möglichst unbekannte, skurrile und vielleicht sogar weniger schöne Orte aufzutreiben, ist in dieser lieblichen, vom See und den Alpen geprägten Landschaft nur schwer zu erfüllen. Und doch gibt es sie – bemerkenswerte Plätze mit Geschichten und Geschichtchen, die noch nicht allen bekannt sind.

Drei Staaten teilen sich das insgesamt 273 Kilometer lange Seeufer, Deutschland, Österreich und die Schweiz. Der Bodensee trennt und verbindet seine Anwohner. Dichter, Schriftsteller, Maler und Fotografen, die hier lebten und noch leben, haben seine Schönheit in Wort und Bild festgehalten. Und schön ist der Bodensee zu allen Jahreszeiten. Im Frühling, wenn sein Wasser sich flaschengrün von der Kette der schneebedeckten Alpen abhebt und die Obstbäume ihr weißes Kleid tragen, wenn der Föhn von den Bergen bläst und sich hohe Wellen aufbäumen. Im Sommer mit den weißen Segeln und den bunten Spinnakern auf dem mittelmeerblauen Wasser. Im Herbst, wenn der Nebel vom bleigrauen See vor den Bergen aufsteigt, sodass sie nur schemenhaft ihre bereits weißen Spitzen zeigen, und die Bäume ringsum Indian Summer spielen. Im Winter, wenn am Ufer Eiskristalle glitzern und Raureif Schilf und Bäume überzieht.

111 besondere Orte und so manche Geschichte dazu sind in diesem Buch zusammengekommen. Nicht alles ist wirklich unbekannt, doch vieles eine Neuentdeckung: der verzwickte »Grenzverlauf« zur Schweiz, das »Liebesabenteuer im Zeppelin«, der »Chindlistein« bei Heiden, das »Schloss der Künste« in Efrizweiler, Hesses wiedererstandener Garten oder die Villa Raczynski in Bregenz, die ein polnischer Graf seiner Frau zum Geburtstag schenkte.

Kommen Sie mit auf Entdeckungstour, und lernen Sie eine der schönsten Urlaubsregionen Europas von einer ganz neuen Seite kennen.

111 Orte

Dietlind Castor

111 Orte am Bodensee, die man gesehen haben muss

Mit Fotografien von Dietlind Castor

emons:

Bibliografische Information der Deutschen Nationalbibliothek
Die Deutsche Nationalbibliothek verzeichnet diese Publikation in der Deutschen Nationalbibliografie; detaillierte bibliografische Daten sind im Internet über http://dnb.d-nb.de abrufbar.

MIX
Papier aus verantwortungsvollen Quellen
FSC® C010135
FSC
www.fsc.org

Gestaltung: Eva Kraskes, nach einem Konzept von Lübbeke | Naumann | Thoben
Kartografie: altancicek.design, www.altancicek.de
Druck und Bindung: B.O.S.S Druck und Medien GmbH, Goch
Printed in Germany 2014
Erstausgabe 2013
ISBN 978-3-95451-063-4
Originalausgabe

1 Barockschlösschen Freudental

Wo der Schweizer Weinpapst Schlossherr ist

Weithin sichtbar schwebt ein altrosa Schlösschen über dem Grün der Hügel. Von Allensbach unten am Gnadensee, gegenüber der Insel Reichenau, führt eine schmale Straße hinauf nach Freudental und weiter auf den Bodanrück, der die beiden Bodenseearme Überlinger See und Gnadensee voneinander trennt. Hier oben hatte sich der Freiherr Franz Dominik von Prassberg 1698 bis 1700 vom Baumeister Michael Wiedemann dieses prächtige Gebäude bauen lassen.

Nach mehrmaligem Eigentümerwechsel auf Schloss Freudental und zeitweiligem Leerstand erfuhr der Schweizer Philipp Schwander durch einen befreundeten Architekten von der Immobilie. Schwander ist der erste »Master of Wine« der Schweiz und Inhaber der Weinhandlung Selection Schwander in Zürich. Er ließ das Haus im Frühling 2012 umfassend renovieren und restaurieren.

Jetzt strahlen die Wände in frischem Weiß. Die prächtigen Deckenfresken zeigen Szenen aus der Mythologie. Ein Kristalllüster setzt im oberen Flur den Flügel und das Parkett ins rechte Licht. Ein ganz besonderes Schätzchen ist der schöne alte Kachelofen, den ein Ofenbauer aus Steckborn angefertigt hat. Donnerstags macht Schlossverwalterin Karin Lindner nach Anmeldung eine Führung durch das Gebäude, die bei einem guten Glas Wein an der Bar des gemütlichen Gewölbekellers ausklingt.

Auch 15 Gästezimmer sind in dem herrschaftlichen Gemäuer wieder hergerichtet. Der Schlossgarten bietet unter den hohen Bäumen zierliche Sitzgruppen. Eine riesige Thuja-Hecke führt zu einem Pavillon, vor dem sich die grandiose Hügellandschaft des Bodanrück ausbreitet.

Der neue Besitzer wollte keinen klassischen Hotelbetrieb, sondern eine Möglichkeit für Seminare und Familienfeste schaffen. Jetzt stehen sieben Tagungs- und Festsäle zur Verfügung. Hin und wieder plant er, selbst im Schloss zu wohnen. Wer sich auch wie ein Schlossherr fühlen möchte: Rent a castle!

Adresse Schlossstraße 1, D-78476 Allensbach-Freudental, Tel. +49 (0) 7533/9491100, info@schloss-freudental.de, www.schloss-freudental.de | **Pkw** auf der B 33 bis Allensbach, Ausfahrt Wild- und Freizeitpark, auf die K 6171 Freudentaler Straße, dann Langenrainer Straße, abbiegen auf die Schlossstraße | **ÖPNV** Bahnhof Konstanz, Seehas nach Allensbach, dann Sammeltaxi anrufen unter Tel. 07533/933339 | **Öffnungszeiten** nach Anmeldung | **Tipp** Im Allensbacher Freizeit- und Wildpark auf dem Bodanrück sind über 300 Wildtiere zu beobachten. Für Kinder gibt es einen Abenteuerspielplatz.

2 Das Kloster Hegne

Pilgern zur Krypta der seligen Ulrika

Der Orden der Barmherzigen Schwestern vom heiligen Kreuz hat eine mehr als 150-jährige Geschichte. Dennoch ist seine Philosophie überraschend progressiv. So wagten die Schwestern vom Kloster Hegne am Untersee zusätzlich zu ihren Bildungs- und Pflegeeinrichtungen einen Schritt ins Unternehmertum. »Das Bedürfnis der Zeit erkennen, ist der Wille Gottes« – danach leben und handeln die Schwestern bis heute und beschreiten oft ungewöhnliche Wege. Die führen sie weit in die Welt hinaus. So unterstützen 3.700 Kreuzschwestern hilfsbedürftige Menschen weltweit, verteilt auf 14 Länder.

Im Provinzhaus Kloster Hegne bei Allensbach wurden in den letzten Jahren, nachdem 1892 das Schloss vom Orden erworben worden war, das Altenpflegeheim Maria Hilf und das zusätzliche Gebäude St. Angelus für Demenzkranke auf den Weg gebracht. Das Haus Franziskus bietet jungen Menschen eine Begegnungsstätte. In einem großzügigen modernen Gebäude, dem Marianum, sind inzwischen sechs Schultypen untergebracht. Obdachlose werden in der Theodosiusstube versorgt. Das Gästehaus Elisabeth hat neben einfachen Pilgerzimmern auch komfortable im Drei-Sterne-Bereich, in welchen sich Tagungsgäste und Urlauber wohlfühlen. Für Erholungssuchende sind das hauseigene Seegrundstück und die Bodenseelandschaft ideal.

Im Haus Ulrika werden Pilger betreut, die Rat oder Lebenshilfe suchen. Auch eine Telefonseelsorge, die hier rund um die Uhr erreichbar ist, bieten die Schwestern an. Sie sind fest überzeugt, dass die selige Ulrika sich der Gebete der Hilfesuchenden annimmt. In der Halle des Hauses hängt eine große Tafel mit einem Bild der am 8. Mai 1913 im Alter von nur 31 Jahren verstorbenen Mitschwester Ulrika. Am 1. November 1987 wurde sie durch Papst Johannes Paul II. in Rom seliggesprochen. Ihr Sarg ruht seitdem in einer extra unter der Kirche eingerichteten Krypta.

Adresse Konradistraße 12, D-78476 Allensbach-Hegne, info@kloster-hegne.de, www.kloster-hegne.de | **Pkw** A 81, bei Radolfzell auf B 33 bis Kloster | **ÖPNV** vom Bahnhof Radolfzell mit dem Seehas SBB bis Hegne, zehn Minuten Fußweg zum Kloster | **Öffnungszeiten** Krypta: April – Okt. 7.30 – 19 Uhr, Nov. – März 7.30 – 17.30 Uhr | **Tipp** Wandern Sie vom Bahnhof Reichenau zu Fuß über die Pappelallee zur Insel Reichenau und schauen Sie sich die schöne alte Kirche von Oberzell mit ihren Fresken an.

3 Die Burgruine Kargegg

Von der tragischen Liebe des Burgfräuleins

»Uff der kargen Eck« heißt ein wenig ertragreiches Gebiet auf dem Bodanrück, das Dorf und Burg den Namen gab. Von der einst wehrhaften Festung auf einem steilen Felsen bei der Marienschlucht, einer tiefen Klamm im Molassegestein, sind bis heute nur ein Teil der Wehr- und Schildmauer und Reste des Wohnturmes übrig geblieben. Man kann aber durchaus noch erkennen, wie die Anlage einst aussah.

Vermutlich wurde sie im 13. Jahrhundert erbaut. Als die Herren von Möggingen finanzielle Probleme bekamen, gelangte sie 1502 nach verschiedenen Eigentümern an die Familie von Bodman. Doch diese hatte nicht lange Freude am neuen Besitz: Während der Bauernkriege zerstörten am 25. Mai 1525 aufgebrachte und brandschatzende Bauern auch Burg Kargegg.

Gegenüber, am anderen Ufer des Überlinger Sees, steht die Burg Hohenfels. Auf ihr wohnte vor vielen Jahren ein Edelmann. Der liebte das schöne Burgfräulein Fortunata auf Burg Kargegg. Auch sie war dem Ritter in heimlicher Liebe zugetan. Ihr Vater ließ sie aber streng bewachen, sodass der Hohenfelser das Fräulein nur heimlich in dunklen, sternlosen Nächten besuchen konnte.

Die beiden Liebenden griffen zu einer List: Am Abend stellte Fortunata eine brennende Kerze unter ihr Fenster als Zeichen, dass sie allein war. Sobald der Hohenfelser das Licht aufschimmern sah, schwamm er über den See zu seiner Geliebten – und erst in der Morgendämmerung wieder zurück. Lange Zeit ging dieses nächtliche Wagnis gut. Aber eines Nachts, als der Jüngling wieder hinüberschwimmen wollte, brach ein Sturm los, der die Kerze ausblies. Der von Hohenfels kämpfte orientierungslos mit den gewaltigen Wogen und ertrank. Fortunata war untröstlich.

Ihr Geist, so lautet die Sage, wandle noch immer in den Ruinen der Burg. Man sagt, wer ihn erlöse, erlange jene wundersamen Schätze, die in den verschütteten Gewölben der Burg vergraben liegen.

Adresse D-78476 Allensbach-Langenrain, 200 Meter nordöstlich vom Weiler Kargegg entfernt | Pkw Wallhausen, Waldparkplatz vor der Ortseinfahrt links; zu Fuß bis zum Burghof, dann Waldweg hinab Richtung See, etwa vier Kilometer am See entlang bis Marienschlucht, dort Treppenweg hinauf zur Burg | Schiff im Sommer von Bodan oder Überlingen zum Steg der Marienschlucht, die Treppen hinauf bis zur Abzweigung Richtung Burghof, wieder links zur Ruine Kargegg | Tipp Zum Abschluss der Wanderung im Burghof bei Wallhausen einkehren, der von Mittwoch bis Sonntag ab elf Uhr geöffnet ist.

4 Der Golf-Club Konstanz

Wald, Wasser, Seeblick

Unter den vielen Golfplätzen um den See gehört der von Konstanz, der größten Stadt am deutschen Bodenseeufer, zu den schönsten und interessantesten. Die Wurzeln des Golf-Clubs Konstanz reichen bis in das Jahr 1930 zurück (damals: »Konstanzer Golfclub«). Im Jahre 1965 wurde er an seiner heutigen Stelle unter dem jetzigen Namen neu gegründet. Er zählt zu den traditionsreichsten Golfclubs in Deutschland und ist seit 2002 Mitglied der »LEADING GOLF-COURSES OF GERMANY E. V.«.

Schon seine Lage ist einmalig. Auf einem Höhenzug zwischen dem Überlinger- und dem Gnadensee, dem sogenannten Bodanrück, der dem Bodensee einst seinen Namen gab, erstrecken sich die Fairways über eine völlig unangetastete Naturlandschaft, die frei von Autos, Straßen und störenden Besiedlungen ist. Weit und breit Natur pur!

Dieser Idylle entsprechen auch die Clubgebäude und hier vor allem die Gasträume, deren warmes und urgemütliches Ambiente bislang noch jeden Besucher eingenommen hat. Von der Terrasse geht der Blick weit über den scheinbar grenzenlosen Bodensee. Das historische Hofgut Kargegg bietet somit einen Rahmen, der an grundsolider Bodenständigkeit, wohltuender Behaglichkeit und gastfreundlicher Orientierung seinesgleichen sucht.

Der Platz selbst ist eine Herausforderung für alle Spielstärken. Die Topographie des Geländes, die überwiegend vom Wald eingebetteten Spielbahnen sowie die zahlreichen Wasserhindernisse verlangen eine solide Spielstrategie und sorgfältige Überlegung bei der Auswahl der Schläger. Daneben existieren aber auch offene Bereiche, in denen sich sogar weniger geübte Spieler gut fühlen. Das schwerste Loch des Platzes ist das »Streitmoos«. Auch alle anderen Spielbahnen haben einen originellen Namen, so wie »Sausenke«, »Hennepfitzle« oder »Hasenhölzle«. Vom »Seesaum« hat man, wie könnte es anders sein, einen wunderschönen Blick auf den Bodensee.

Adresse Hofgut Kargegg 1, D-78476 Allensbach-Langenrain, Tel. +49 (0) 07533/9303-0, www.golfclubkonstanz.de | Pkw A 81, Ausfahrt Radolfzell, links in Richtung Stockach abbiegen, nach circa 500 Metern rechts in Richtung Güttingen-Dettingen, weiter über Liggeringen, Langenrain, 200 Meter nach dem Ortsende Langenrain links Richtung »Marienschlucht« abbiegen, bis zum Straßenende | ÖPNV von Konstanz mit der S-Bahn nach Allensbach, Buslinie 7370 nach Langenrain | Öffnungszeiten ganzjährig, solange es keinen Frost oder Schnee hat | Tipp Wenn man zum Essen auf die Insel Mainau fährt, kostet es keinen Eintritt.

5 Der Flugplatz St. Gallen-Altenrhein

Über den Wolken muss die Freiheit wohl grenzenlos sein

Der Flugplatz St. Gallen-Altenrhein ist ein Regionalflugplatz am Ufer des Bodensees. Er liegt in Altenrhein in der Ostschweiz, rund zehn Kilometer östlich von St. Gallen und unmittelbar an der Grenze zu Österreich. Da die österreichischen Behörden keine Konzessionierung für den öffentlichen Flugverkehr erteilen, bleibt er ein privates Flugfeld trotz täglichem Linienverkehr nach Wien und der Charterflüge im Sommer nach Sardinien. Im Winter werden jeden Samstag Skitouristen von Rotterdam eingeflogen. In erster Linie setzt Altenrhein auf Geschäftsflüge mit Privatjets. Derzeit zählt man rund 30.000 Flugbewegungen im Jahr.

Glück im Unglück hatten am 28. April 2012 ein Pilot und sein Passagier, die eine Tagestour nach Besancourt unternehmen wollten: Rund 500 Meter vom Ufer entfernt mussten sie notwassern, konnten das Flugzeug aber rechtzeitig verlassen. Boote, die in der Nähe waren, nahmen die beiden Glückspilze auf, die nicht einmal eine Schramme davongetragen hatten.

Gegründet wurde der Flughafen St. Gallen-Altenrhein 1926 von Professor Claude Dornier, der das Flugboot DO-X hier bauen ließ. Ein Jahr später wurde die erste 600 Meter lange Graspiste angelegt und bis zum Zweiten Weltkrieg für Linienflüge nach Basel, Dübendorf, Innsbruck und München genutzt. Im Laufe der Zeit wurde der Flugplatz immer mehr erweitert. Neue Pisten mit bis zu 1.500 Metern Länge kamen dazu, Hangars wurden gebaut, ein Flughafengebäude und der Tower.

Angegliedert ist ein Flugzeugmuseum mit Oldtimern. Hierfür konnten die Hallen der alten Flug- und Fahrzeugwerke gemietet werden. Flugbegeisterte haben als Mitglied des Museums die Möglichkeit zu einem Rundflug mit einer der immer noch flugtauglichen Legenden der Schweizer Luftwaffe.

Adresse Flughafenstraße 11, Airport Altenrhein AG, CH-9423 Altenrhein, Tel. +41 (0) 71/8585165, www.airport-stgallen.de, www.oldtimer-fliegen.ch | **Pkw** A 1 (vignettenpflichtig) oder E 60, beim Kreisverkehr Hundertwasser-Markthalle abbiegen auf die Burietstraße | **ÖPNV** Von Bregenz Hauptbahnhof mit S 3 nach St. Margrethen, weiter mit Bus 4110 (Austrian Airlines bietet Busservice) | **Tipp** Im nahen St. Gallen sollte man im Klosterbezirk die schöne alte Stiftsbibliothek besuchen (Montag bis Samstag von 10 bis 17 Uhr, sonntags von 10 bis 16 Uhr geöffnet).

6 Die Schiffsanlegestelle

Der längste Steg am ganzen Bodensee

Altnau am südlichen Ufer des Bodensees nennt sich mit den Gemeinden Münsterlingen, Langrickenbach und Güttingen »Sonnenecke Bodensee«. Wiesen, sanfte Hügel, dichte Wälder, Felder und Obstplantagen so weit das Auge reicht. Und der unvergleichliche Blick auf den Bodensee.

Nähert man sich dem Ufer, so fällt der nicht enden wollende Steg für die Personenschifffahrt ins Auge. 270 Meter reicht er beim Bootshafen in den See hinein. Seine linke Seite ist durch querlaufende Bretter geschützt. Auf halber Strecke gibt es eine kleine Plattform mit Stufen ins Wasser: ideal für Angler oder Schwimmer. Einige Klappsitze laden Genießer oder Fußkranke zum Verweilen ein.

Am Ende des Stegs steht ein Wartehäuschen mit Panoramafenstern und der Aufschrift »Altnau«. Ein Blickfang darin ist die Kopfplastik der Zillertalerin Margot Stöckl. Der Fahrplan informiert über die Schiffsverbindungen nach Romanshorn, Immenstaad und Hagnau, das direkt gegenüberliegt. Mit dem deutschen Winzerdorf verbinden die Bewohner von Altnau seit den Seegfrörnen von 1830, 1880 und 1963, als sie den vereisten Bodensee zu Fuß überqueren konnten, freundschaftliche Kontakte.

Der Ortskern von Altnau, einer 2.000-Seelen-Gemeinde, liegt auf der Moräne des früheren Rheingletschers, etwa zwei Kilometer vom Bodenseeufer entfernt. Auf den fruchtbaren Böden ersetzte schon früh der Obstanbau die Rebstöcke. Mit ungefähr 300.000 Obstbäumen sieht sich Altnau gern als Apfeldorf am Bodensee. Daher wurde auch hier der erste Obstlehrpfad der Schweiz angelegt. Der neun Kilometer lange Rundweg startet am Bahnhof und führt durch die nahen Obstkulturen. Auf 16 Tafeln werden Anbau und Pflege des Apfels von der Blüte bis zur Frucht erläutert. Jeweils im September finden die traditionellen Apfelwochen statt. Außerdem bietet die Region mit ihrem schönen Ufer und den Waldwegen ideale Routen für Velofahrer und Inlineskater.

Adresse Seeweg, CH-8595 Altnau, www.altnau.ch, www.obstlehrpfad.ch | **Pkw** Landstraße 13 am See entlang bis Altnau, im Kreisverkehr 3. Ausfahrt zur Bahnhofstraße, rechts auf die Hafenstraße und den Seeweg | **ÖPNV** Bahnof Altnau, Züge im Halbstundentakt von und nach Kreuzlingen-Schaffhausen oder Romanshorn-St. Gallen | **Schiff** Die »Rhyspitz« der Schweizerischen Schifffahrtsgesellschaft SBB, Juni–16. Sept. Mi, Fr, So | **Tipp** Mit dem Schiff kann man auch zu einer Weinprobe nach Hagnau fahren.

7 Kuh for You

»Kuhle« Möglichkeit, eine Kuh auf Zeit zu besitzen

Der Bregenzerwälder Kräuterhof Erath in Au bietet per Internet die Möglichkeit, eine seiner Kühe zu mieten, sie per Livecam im Stall beim Füttern und Melken zu beobachten sowie ihre Milch und den daraus hergestellten Käse zu genießen.

Die Wahl fällt schwer. Die Konterfeis der 15 Kühe sprechen alle an. Soll es Beate sein, die feurige Draufgängerin? »Ich stelle mein Temperament des Öfteren unter Beweis«, steht unter ihrem Bild zu lesen. »Vor Freude kann ich Luftsprünge machen, doch geht es nicht nach meinem Willen, kann ich schon mal zornig werden.« Oder doch lieber Ria, die Frohnatur? »Ich bin immer gut drauf. Die anderen Kühe mögen mich wirklich gern. Mein Lieblingsplatz ist die Kratzbürste«, gibt sie Auskunft.

Der Kräuterhof liegt in einer leichten Senke vor der gewaltigen Kulisse der Kanisfluh. Die Fenster des 300 Jahre alten Wohnhauses sind mit Blumenkästen geschmückt, aus denen farbenfroh Geranien und Petunien quellen. Im Garten baut Bianca Erath heimische Wildkräuter sowie einige exotische Heilpflanzen an.

Den Sommer genießen die Kühe auf den kräuterreichen Wiesen des Vorsäss. Später werden sie weiter hinauf auf die Alpe getrieben. Ab September geht es wieder den Weg umgekehrt zurück in den modernen Laufstall. In seiner Mitte ein Heubett, an der Wand eine Kratzbürste zum Scheuern und eine Tür ins Freie. All das bietet den Kühen einen gewissen Luxus. Doch in ihrer »Sommerfrische« genießen sie noch mehr Freiheit. 15 Kühe, acht Jungtiere, drei Pferde, sieben Hühner und ein Hund gehören zum Hof.

»Mieten wir Fella«, schlägt Leonard, der Sohn eines Urlaubers, vor. Den Bergkäse, der später nach und nach zu Hause eintrudelt, muss er ja nicht allein essen. Mit dem kann die Mutter auch anderen eine Freude machen, denn seine Qualität ist bei der Ernährung auf den Bergwiesen – ohne Silofutter – unvergleichlich gut: Bergkäse von der »eigenen«, glücklichen Wälderkuh.

Adresse Familie Erath Dorle, Argenau 116, A-6883 Au, Tel., Fax +43 (0) 5515/2298, info@kuhforyou.at, www.kuhforyou.at | Pkw A 14, Ausfahrt Dornbirn Nord-Bregenzerwald, am Kreisverkehr Ausfahrt auf B 200 | ÖPNV Bregenz Hauptbahnhof, mit Landbus 35 bis Berzau, umsteigen in Landbus 40 nach Au | Tipp Mit der Bergbahn auf den Diedamskopf: Von seinen 2.020 Metern Höhe hat man einen phantastischen Ausblick in die Bergwelt, bei klarer Sicht bis zum Bodensee. Ein beliebtes Wander- und Skigebiet.

8 Das Erwin-Hymer-Museum

Die Welt des mobilen Reisens

Die drei Museen Dornier Museum Friedrichshafen, Museum Industriekultur in Nürnberg und Erwin-Hymer-Museum in Bad Waldsee verbindet die Geschichte der Mobilität und ihrer Pioniere sowie der Prototyp eines Kleinwagens aus den 1950er Jahren – der Dornier Delta. Erfunden von Claudius Dornier junior, konstruiert von Erwin Hymer, entstand daraus in Nürnberg der Zündapp Janus, ein viersitziges Rollermobil.

Erwin Hymer gründete 2001 die gemeinnützige Stiftung des bürgerlichen Rechts zur Förderung der Kunst und Kultur, insbesondere im technischen Bereich. So wurde das Museum für Caravan- und Motorcaravan-Oldtimer ins Leben gerufen, das seinen Namen trägt. Das im Oktober 2011 eröffnete Museum zeigt in einem architektonisch auffallenden Gebäude auf 6.000 Quadratmetern Fläche die ganze Bandbreite des mobilen Reisens. Eingebunden in eine Erlebniswelt, in der die Besucher Spannendes aus der Kultur- und Technikgeschichte rund ums Camping erfahren und die Sehnsüchte des Reisens erleben. Über 80 ausgefallene Fahrzeuge aus der ganzen Welt, darunter so mancher Eigenbau, der in der früheren DDR weit verbreitet war. Das älteste Exponat ist ein historischer Schäferkarren aus dem Jahre 1850, das jüngste eine Reisemobilstudie aus dem Jahre 2008. Zwischendurch gibt es immer wieder Möglichkeiten zum Anfassen, Ausprobieren und Schauen.

Fesselnd für Groß und Klein sind auch die Verkleidungsmöglichkeiten vor riesigen Bildern von Venedig, Arizona, Miramar und einem amerikanischen Strand. Die Fotos, die hier entstehen, werden später in einem extra Raum gezeigt. Sich selbst in diesen Kostümierungen in den verschiedenen Posen groß abgebildet zu sehen, ist unwahrscheinlich komisch. Man kann diese Fotos dann als Postkarte erwerben oder zu Hause auf den Rechner laden. Eine andere Art Museum, die auch coole Halbwüchsige begeistert, die sonst nicht viel von Museumsbesuchen halten.

Adresse Robert-Bosch-Straße 7, D-88339 Bad Waldsee, Tel. +49 (0) 7524/976676-00, www.erwin-hymer-museum.de | Pkw von München A 96 Richtung Lindau, Ausfahrt Leutkirch-West, Bad Waldsee, auf der B 465 über Bad Wurzach nach Bad Waldsee, nach dem Ortsschild Bad Waldsee und vor dem Bahnübergang rechts abbiegen Richtung Ulm, Mühlhausen | Fußweg von der Innenstadt über die Schützenstraße in den Hopfenweilerweg, nach der Unterführung geradeaus über die geteerte Straße am Golfplatz vorbei oder links über den Feldweg in Richtung Wasserstall-Gewerbegebiet | Öffnungszeiten Fr–Mi 10–18 Uhr, Do 10–21 Uhr | Tipp Bad Waldsee hat ein sehr schönes Stadtzentrum. Erholung bietet die Waldseetherme, ein großzügig angelegtes Thermalbad.

9 Das Wälderbähnle

Es schnauft wie in alten Zeiten

Die Bregenzerwälderbahn wird liebevoll »s'Wälderbähnle« genannt. Auf ihrer schmalen Spur legt sie heute nur noch eine sechs Kilometer lange Strecke zwischen Bezau und Schwarzenberg zurück. Zwischen 1902 und 1983 war sie ein wichtiges Transportmittel in der einst schwer zugänglichen Region. Sie fuhr von der Vorarlberger Landeshauptstadt Bregenz bis Bezau. Im 18 Kilometer langen Engtal der Bregenzerache war die Strecke zwar wildromantisch, aber auch durch Felsstürze gefährdet. Nachdem ihr Betrieb deswegen eingestellt worden war, begann der neu gegründete Verein Bregenzerwaldbahn-Museumsbahn mit dem Wiederherrichten einer Teilstrecke, die ab 1987 in Betrieb genommen wurde. Dem Fahrplan ist zu entnehmen, ob mit Diesel oder Dampf gefahren wird. Vor Weihnachten finden viele Nikolausfahrten statt, zu denen man sich anmelden kann.

Schon stundenlang vorher füttert der Heizer das 111 Jahre alte Dampfross mit Kohlen. Bei 1.300 Grad Celsius hat die Lok ihre Betriebstemperatur erreicht. Dann kann sie die Waggons mit 20 Kilometern pro Stunde bewegen. Sind es aber zu viele Fahrgäste, muss die 72 Jahre alte Diesellokomotive mithelfen. Die meisten Fenster der moosgrünen, innen mit hellem Holz ausgekleideten Waggons stehen offen, weil dann die Bahnfahrer den Fahrtwind spüren. Außerdem können sie in den Kurven besser die Lokomotiven beobachten.

Die Dampflok schnauft ihren schwarzen Rauch aus und nebelt damit die ganze Gegend ein. Die Fahrt geht durch Wiesen und Wäldchen. Manchmal rauscht die Bregenzerache ganz dicht vorbei. Besonders hübsch ist das Haltestellenhäuschen aus der Gründerzeit bei Reuthe-Hof. Nach 20 Minuten erreicht das Wälderbähnle in Bersbuch den Bahnhof Schwarzenberg. Das Motto der »Wälder«, wie sich die Einheimischen selbst nennen, ist: »Wir ehren das Alte, wir grüßen das Neu' und bleiben uns selbst und der Heimat treu.«

Adresse Verein BWB, A-6941 Langenegg, Tel.+43 (0) 664/4662330, info@waelderbaehnle.at, www.waelderbaehnle.at | Pkw Bregenz auf A 14, Ausfahrt Dornbirn Nord-Bregenzerwald, am Kreisel Dornbirn Nord auf B 200 bis Bezau | ÖPNV Bregenz Hauptbahnhof, Bus 37 nach Bezau Busbahnhof | Öffnungszeiten Ende Mai–Anfang Okt. Sa, So; Juli, Aug., Sept., Nov., Dez. zusätzlich auch an bestimmten Wochentagen, Fahrplan auf der Homepage | Tipp In Schwarzenberg findet man Werke der berühmten Malerin Angelika Kauffmann: Von ihr gemalte Medaillons kann man in der Kirche und ihre Bilder im Angelika-Kauffmann-Museum entdecken.

10 Der Garten des Peter Lenk

Skurrile Figuren im Grünen

So bekannt, berühmt und berüchtigt Peter Lenk im Bodenseeraum ist, könnte an seinem Wohnort Bodman-Ludwigshafen getrost ein Hinweisschild zu seinem Atelier und Skulpturengarten aufgestellt werden. »Die Straße vorm Adler rechts hoch«, erklärt ein freundlicher Bewohner des Ortes. »Da sehen Sie schon von Weitem die Figuren.« Nun ja, Peter Lenks Garten ist nicht öffentlich. Aber vom Weg her sieht man in einem umzäunten Grundstück linker Hand die merkwürdigsten Gestalten. Über einem Torbogen ein athletischer Mann, aus dem ein zweiter herauswächst. Am Rand der Wiese eine nackte Motorradfahrerin, die steil nach oben in die Bäume braust. Weiter hinten ein sogenanntes Schwabenkind, auf dessen Schulter ein Bauer mit Stock sitzt und darüber der Pfarrer. Auf der rechten Seite ragt die »Karriereleiter« in den Himmel, auf der Führungskräfte mit Aktentasche immer weiter hochsteigen, indem sie nach den unteren Figuren treten.

Weiter tummeln sich auf dem Gelände viele nackte oder halb nackte üppige Damen, der Papst sowie eine Gruppe Spießbürger, die gelangweilt gen Himmel starren. So mancher dickbäuchiger Gnom versteckt sich noch im Gras. Alles in allem eine illustre Gesellschaft aus Beton, wobei man bei mancher Figur nicht genau weiß, ob sie ein Politiker, Adliger oder Dichter sein soll.

Der Künstler Peter Lenk, Jahrgang 1947, liebt es zu provozieren, tritt aber nicht gern selbst in Erscheinung. Für ihn ist es unverständlich, dass sich die Leute oftmals über seine Werke empören. So wurde einst in Konstanz wegen der obszönen Figuren seines »Triumphbogens« das gegenüberliegende Kruzifix verhüllt.

Grenzwertig ist allerdings sein Triptychon in Bodman-Ludwigshafen, bei dem Lenk in der Szene »Die Global Players« Hans Eichel, Gerhard Schröder, Angela Merkel, Edmund Stoiber und Guido Westerwelle als blöd lachende Nackedeis darstellt, die sich gegenseitig an die Genitalien fassen.

Adresse Kaiserpfalzstraße 20, D-78351 Bodman-Ludwigshafen, Bildhauer@Peter-Lenk.de, www.peter-lenk.de | Pkw A 98, Abfahrt nach Stockach-Espasingen auf B 313, weiter kurzes Stück auf B 34, von dort nach Bodman, kurz nach der Kapelle rechts hoch auf die Kaiserpfalzstraße | ÖPNV Bus 7375 nach Bodman bis zur Kapelle | Tipp Eine Wanderung über einen Waldweg hinauf zur Burg Alt-Bodman, die ein Blitzschlag einst zerstörte, bietet sich an.

11 Das schmalste Haus Europas

Dem Besitzer ist es zu groß

Über dem Türstock des Hauses Kirchstraße 29 steht geschrieben: »Das schmalste Haus Europas ist nur 57 Zentimeter breit.« Alle anderen »schmalsten« Fassaden sind nämlich breiter als die in Bregenz: 80 in Kiel, 97 in Valencia oder 99 Zentimeter in Amsterdam.

Vor über 200 Jahren wurde das schmale Haus in die Lücke zwischen Nummer 27 und 31 gesetzt. Fest steht, dass es 1796 einem Wachszieher gehörte. Im Stadtarchiv ist nur folgender Eintrag auffindbar: »Dieses Haus drängt sich mit seiner etwas mehr als handtuchbreiten Fassade schmalbrüstig und konisch zwischen die Nachbarhäuser. Die alten Bregenzer waren sich stolz der Tatsache bewusst, dass dies das schmalste Haus Europas, wenn nicht der ganzen Welt war.«

Jetziger Besitzer ist Gerold Lang. Sein Urgroßvater hatte das Haus, das neben seiner Bürstenwerkstatt lag, im Jahre 1886 gekauft. Auch Langs Vater übte dieses Handwerk noch aus. Daran erinnern die alten Werkzeuge und Besen im Schaufenster. Beide Häuser sind miteinander verbunden.

Jahrzehntelang war das kurios schmale Haus überhaupt nicht sichtbar, weil ein Verteilerkasten davorstand. Fenster und Türen waren zugemauert. Erst vor zehn Jahren ließ Lang die Fassade restaurieren und wieder eine Tür einbauen. Ein wenig lästig ist, dass Neugierige manchmal die Klinke herunterdrücken oder sogar läuten. Deshalb hat er die Klingel abgestellt.

Nach dem Eintreten stellt man fest, dass das Häuschen nicht so schmal bleibt. Die Wände laufen im spitzen Winkel auseinander, bis sie am Ende sechs Meter breit sind. Es besteht insgesamt eine Wohnfläche von 60 Quadratmetern. Mit den Räumen im Nebenhaus hat Lang eine Wohnfläche von 300 Quadratmetern. Das ist für ihn allein zu viel. Er möchte das Ganze verkaufen, wenn auch schweren Herzens. Eine Renovierung wäre für ihn zu teuer, vor allem, weil sich auch das Amt für Denkmalpflege einschalten würde.

Adresse Kirchstraße 29, A-6900 Bregenz | Pkw B 190, links abbiegen in Römerstraße, rechts abbiegen in Kirchstraße | ÖPNV Bahnhof Bregenz, zu Fuß 800 Meter | Tipp In der Bregenzer Oberstadt sollte man sich das alte Stadttor mit dem Relief der Pferdegöttin Epona, den Martinsturm an der Stadtmauer und die Martinskapelle mit ihren Fresken anschauen.

12 Die Pfänderdohle

Ein beliebtes Ausflugsziel, besonders im Winter

Zu allen Jahreszeiten ist der 1.064 Meter hohe Pfänder, Hausberg von Bregenz und Lindau, ein beliebtes Ausflugsziel. Wer bequem hinaufmöchte, nimmt die Pfänderbahn, deren Kabine täglich bis zu 80 Personen hinauf- und hinunterbringt. Sportliche Leute wandern oder radeln. Sogar mit dem Auto kommt man von Lochau aus bis zu einem kostenpflichtigen Parkplatz auf seine Höhe.

Die Aussicht von hier oben auf den Bodensee und das Dreiländereck Österreich, Deutschland und Schweiz ist phantastisch. Unten Bregenz am sogenannten Obersee, mit den Rheinmündungen des Alten und Neuen Rheins, und am deutschen Ufer die lang gestreckte Insel Lindau mit ihren Türmen. An klaren Tagen reicht die Sicht bis nach Konstanz und zu den Basaltkegeln des Hegaus. Jenseits des Rheintales erhebt sich der Appenzeller Gebirgsstock mit Säntis (2.502 Meter) und Altmann (2.435 Meter). Weitere Alpenketten der Schweiz, Vorarlbergs, Liechtensteins, des Bregenzerwaldes und des Allgäus zeichnen sich in der Ferne ab.

Im Winter, wenn im Tal der Nebel liegt, scheint auf dem Pfänder oft die Sonne. Dann schaut man von oben auf ein dickes weißes Wattemeer. Der Schnee, der früh fällt und lange liegen bleibt, verlockt zum Skilaufen. Zwei Schlepplifte, Maldona- und Dohlelift, stehen den Skifahrern auf den Pisten zur Verfügung. Bei guter Schneelage ist sogar die Abfahrt bis Bregenz möglich. Besonders beliebt ist das Rodeln, sogar bei Nacht. Zu einem zünftigen Wintertag, ob nach dem Wandern, Rodeln oder Skifahren, gehört die Einkehr in die Pfänderdohle.

Das Alpengasthaus aus dem Jahr 1911 liegt in einer Senke unterhalb der Pfänderbahn, nur zehn Gehminuten von ihr entfernt. In der gemütlichen Gaststube wärmen sich die Wintersportler am Kachelofen auf und genießen die gutbürgerliche Küche. Bei Sonnenschein ist die windgeschützte Terrasse vor dem Wintergarten meist voll besetzt.

Adresse Gasthaus Pfänderdohle, Silvana und Jürgen Friedrich, A-6911 Lochau, Tel. und Fax +43 (0) 5574/43073, www.pfaender.at | Pkw aus Richtung München oder Ulm A 96, dann A 14 Ausfahrt Lochau circa vier Kilometer Richtung Bregenz. Die Pfänderbahn ist ausgeschildert (Achtung Autobahnvignette!). Oder Ausfahrt Lindau auf die B 31 beziehungsweise B 190 am See entlang Richtung Bregenz (vignettenfrei!). | ÖPNV ab Bregenz Hauptbahnhof mit der Stadtbuslinie 1 direkt zur Pfänderbahn | Öffnungszeiten 24. Sept.–Anfang Mai Do–Mo 9.30–18 Uhr, bei Rodelbetrieb bis 23 Uhr, Di, Mi 9.30–23 Uhr, Pfänderbahn täglich 8–19 Uhr, zur halben und vollen Stunde | Tipp Wer sich ein wenig anstrengen möchte, der sollte zu Fuß auf den Pfänder wandern.

13 Der Platz der Wiener Symphoniker

Ein Ort der Begegnung

Seit dem 17. Juli 1980, dem Tag der Eröffnung des Bregenzer Festspielhauses, gibt es davor den »Platz der Wiener Symphoniker«. Damit ehrt man das beliebte und berühmte Wiener Orchester, das regelmäßig zur Festspielzeit in Bregenz präsent ist. Bei der Generalsanierung der Gebäude 2006 wurden auch Mittel zur Neugestaltung des Platzes bereitgestellt. Dieser ist in den Grüngürtel zwischen See und Innenstadt eingebunden. Aus einer Wasserfläche ragt goldglänzend die sieben Meter hohe Bronzeskulptur »Ready Maid« des Vorarlberger Bildhauers Gottfried Bechtold auf. Die Plastik erinnert an eine ausschreitende Amazone, deren Bild vom Wasser als Baum zurückgeworfen wird. Tatsächlich hat der Bildhauer dafür eine 1994 gefällte Pappel von der Strandallee in Lindau ausgewählt, sie geschliffen und geglättet und davon einen Bronzeabguss machen lassen. »Die Selbst-Spiegelung des Torsos in der Wasserfläche wird für den Betrachter als ständige Umkehr des einen in das andere sichtbar. Der Baum wird zur Amazone, die Amazone zum Baum«, so drückt es der Künstler aus. Zu den bekannten Arbeiten von Bechtold gehört der Betonporsche, der vor dem Schloss in Karlsruhe steht.

Kinder lieben das Wasser, in dem sich die Skulptur spiegelt. Sie kühlen darin im Sommer ihre Füße oder sausen auf ihren Fahrrädern hindurch. Wanderer und Festspielgäste sitzen am Rand auf Stühlen. Auch vom Restaurant am Festspielhaus aus haben sie Platz und Skulptur im Blick. An manchen Tagen sitzt dort ein bunt gemischtes Völkchen in Abendkleidern oder Wanderkluft.

Der Platz der Wiener Symphoniker eignet sich wunderbar für Veranstaltungen. Bei Open-Air-Aufführungen haben bis zu 12.000 Personen Platz. Ein besonderes Erlebnis bereiten die Wiener Symphoniker zur Festspielzeit ihren Anhängern, wenn sie auf »ihrem Platz« gratis in kleinen Gruppen aufspielen.

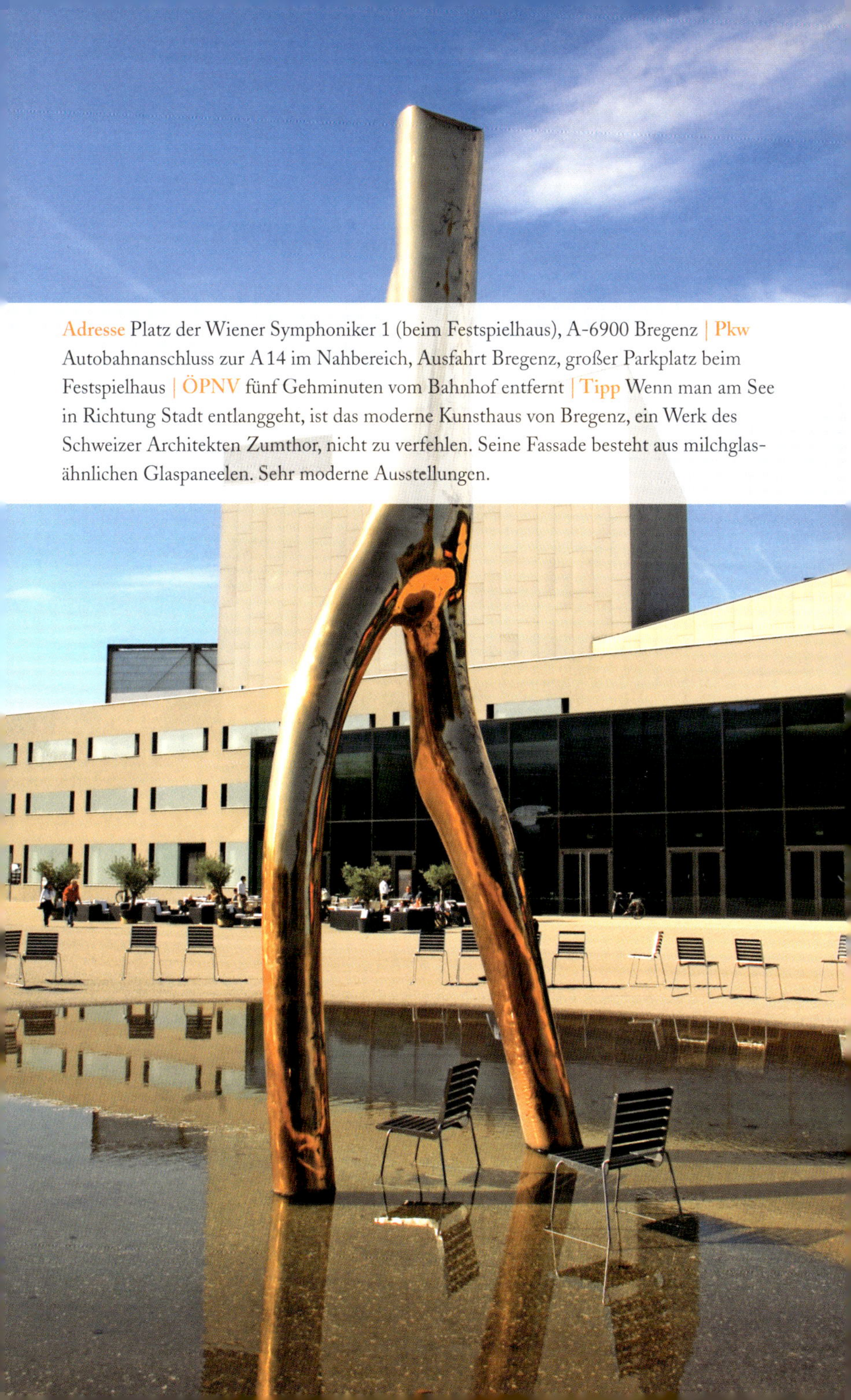

Adresse Platz der Wiener Symphoniker 1 (beim Festspielhaus), A-6900 Bregenz | Pkw Autobahnanschluss zur A 14 im Nahbereich, Ausfahrt Bregenz, großer Parkplatz beim Festspielhaus | ÖPNV fünf Gehminuten vom Bahnhof entfernt | Tipp Wenn man am See in Richtung Stadt entlanggeht, ist das moderne Kunsthaus von Bregenz, ein Werk des Schweizer Architekten Zumthor, nicht zu verfehlen. Seine Fassade besteht aus milchglasähnlichen Glaspaneelen. Sehr moderne Ausstellungen.

14 Die Villa Raczynski

Das Geburtstagsgeschenk eines polnischen Grafen

Kaum jemand kennt außerhalb von Bregenz die Villa Raczynski. Sie liegt oberhalb der Stadt am Südhang des Gebhardberges mitten in einem herrlichen Park. Die schlossartige, denkmalgeschützte Villa gehört zu den schönsten Gebäuden der Vorarlberger Landeshauptstadt. Um sie rankt sich eine romantische Geschichte: Der polnische Graf Eduard Nalecz-Raczynski und seine Frau Karoline Theresia reisten Mitte des 19. Jahrhunderts mit ihrer Kutsche an den Bodensee. Die Gräfin war so angetan von dem damals noch verträumten Städtchen, dass sie gleich für immer bleiben wollte. Ihr liebevoller Gatte kaufte daher zwei Bauernhöfe mit insgesamt 60.674 Quadratmetern Land und ließ ihr als Geburtstagsgeschenk 1876/77 dieses aufwendige Haus im Stil Louis XV. bauen. Für damalige Verhältnisse war es sehr modern ausgestattet: Zentralheizung, Spielcasino mit Festsaal und Kegelbahn sowie ein reich verziertes Badezimmer, das wie die hauseigene Kapelle heute noch erhalten ist.

21 Jahre residierte das Ehepaar mit 60 Angestellten vorwiegend im Sommer in Bregenz. Am 1. Mai 1898 erlag die Gräfin einem Herzschlag. Ihre Beisetzung fand in der galizischen Heimat statt, wohin sich der Graf dann zurückzog. Er kehrte nicht mehr nach Bregenz zurück. Ein Jahr später starb auch er. Da das Ehepaar kinderlos war, erbte ein Neffe das Anwesen, das ihn aber nicht interessierte. Weil er keinen finanzkräftigen Käufer fand, kam es zur Versteigerung.

Dominikanerinnen erwarben 1904 das ganze Ensemble und richteten ihre Lehr- und Erziehungsanstalt in der Villa ein. Inzwischen haben sie ihre verschiedenen Schultypen in ein modernes Gebäude unterhalb verlegt.

Seit 1995 ist die Villa öffentlich zugänglich. Die Räume können für Seminare, Festivitäten und Theateraufführungen genutzt werden. Je sechs Einzel- und Doppelzimmer mit traumhaft schönem Blick auf Stadt und Bodensee stehen zum Übernachten bereit.

Adresse Schlossbergstraße 11, Marienberg, A-6900 Bregenz, marienberg@inode.at | **Pkw** A 14, Ausfahrt Weidach, Richtung Zentrum, Gallusstraße, Aureliastraße, Babenwohlweg, Schlossbergstraße; aus Bregenz Zentrum rechts Montfortstraße, links zur Römerstraße, rechts Kirchstraße, links Schlossbergstraße | **ÖPNV** Bahnhof Bregenz, zwölf Minuten Fußweg zur Schlossbergstraße | **Öffnungszeiten** auf Anfrage, Tel. +43(0)5574/433050 | **Tipp** Der Turm der nahen St.-Gallus-Kirche ist von der Villa aus zu sehen. Die Kirche ragt direkt gegenüber der Oberstadt auf. Besonders schön ist das alte Chorgestühl mit seinen Einlegearbeiten.

15 Vorarlberger Landesbibliothek

Schmuckstück in der ehemaligen Kirche

Allein wegen der Aussicht auf Bregenz und den Bodensee würde es sich lohnen, die Landesbibliothek von Vorarlberg am Fuß des Gebhardberges aufzusuchen. Auch wenn man an keinem der darin aufbewahrten Schätze interessiert ist, sollte man einen Blick in den Kuppelsaal der ehemaligen Kirche werfen, wo unter den Rundbögen der Seitenschiffe Bücher fein säuberlich in Regalen bis zur Decke aufgereiht sind. Balkonartige Zwischendecken aus Holz und Stahl wurden eingezogen. Auf ihnen sind in luftiger Höhe Schreibtische eingerichtet, die ein ruhiges Arbeiten erlauben. Die Deckengemälde und Fresken wurden originalgetreu restauriert. Die alten Kirchenfenster bilden zusätzliche Lichtquellen. Damit Platz für Lesungen und kleinere Veranstaltungen bleibt, wurde das Mittelschiff unter der Kuppel bewusst frei gelassen. Entlang der Galerien führen Wendeltreppen nach oben. Je höher man hinaufsteigt, desto kostbarer werden die Bücher. Der Zettelkatalog ist in der Landesbibliothek schon lange Vergangenheit. Mit dem neuen virtuellen Bestandskatalog wird dem Nutzer die Suche sehr erleichtert. Im Besitz der Bibliothek befinden sich immerhin rund 560.000 Medien, von Büchern, Zeitschriften und E-Books, Ton- und Filmträgern bis zu Karten, Plakaten, Plänen und Fotos. Mit drei kompletten Büchersammlungen aus Klöstern der Umgebung ist außerdem ein enormer historischer Bestand gegeben.

Historisch ist auch die Gebäudeanlage, deren älteste Teile bis ins 14. Jahrhundert zurückgehen und zum Schluss dem St. Gallusstift gehörten, bis das Land Vorarlberg sie im Jahr 1981 erwarb. Am 27. Juni 1986 fand nach dreijähriger Renovierungszeit die feierliche Eröffnung als Bibliothek statt. Zuerst konnte nur ein Teil des Gebäudekomplexes genutzt werden. Im Jahr 1993 wurde auch der Kuppelsaal seiner Bestimmung übergeben.

Adresse Fluherstraße 4, A-6900 Bregenz, info.vlb@vorarlberg.at www.vorarlberg.at/vlb | **Pkw** auf der Autobahn von Richtung München oder Ulm A 96, dann auf A 14, Pfändertunnel, Ausfahrt Bregenz (Achtung Autobahnvignette!), am Kreisel Kennelbacher Straße, Langenerstraße, rechts Fluherstraße; A 96, Ausfahrt Lindau auf die B 31 beziehungsweise B 190 am See entlang Richtung Bregenz (vignettenfrei!), Bahnhofstraße, Römerstraße, links auf Josef-Huter-Straße, rechts Fluherstraße | **ÖPNV** Bahnhof Bregenz, 23 Minuten Fußweg | **Öffnungszeiten** Mo–Fr 9–18.30 Uhr, Sa 9–13 Uhr | **Tipp** Die Seebühne beim Festspielhaus ist durch ihre Lage im See und ihre aufwendigen Bühnengestaltungen sehenswert.

16 Das Rolls-Royce Museum

Himmelblau als Lieblingsfarbe

Ein Prunkstück im Rolls-Royce Museum von Dornbirn ist der himmelblaue Wagen des Rennfahrers Sir Malcolm Campbell (1885–1948). Allein das Armaturenbrett der Nobelkarosse ist sehenswert: Da gibt es einen Bremsverzögerungs- und einen Neigungsmesser. Das eingebaute Barometer ist erfahrungsgemäß immer noch zuverlässig. Diesen Wagen, ein Phantom I aus dem Jahr 1929, nutzte Cambell privat. Campbell war Geschwindigkeitsfanatiker. Mit den nach seinen Plänen konstruierten Rennwagen »Blue Bird« hielt er von 1924 bis 1935 den absoluten Weltrekord. Alle Wagen und Boote für seine Rekorde nannte er Blue Bird, und alle waren in seiner Lieblingsfarbe gestrichen: Himmelblau.

Mit einem Rolls-Royce im Wohnzimmer fing Sammler Franz Vonier in Dornbirn an. »Man muss schon ein bisschen verrückt sein«, meint er. Aber seine »Verrücktheit« hat sich gelohnt: Der Welt größte Sammlung aus der goldenen Rolls-Royce-Ära (1923–1928) stellt er in den Räumen einer ehemaligen Baumwollspinnerei aus. Damit rettete er das Gebäude vor dem endgültigen Verfall und wandelte es in ein sehenswertes Museum für seine wertvollen Sammlerstücke um. Franz Vonier, ein Künstlertyp mit langem graudunklem Haar, begann erst 1958 zu sammeln. Ein wenig spät, wie er meint. Er stammt aus einer Montafoner Bergbauernfamilie. Während der Skisaison sah er die reichen Herrschaften mit großen Nobelkarossen vorfahren. Das weckte seine Leidenschaft für alles, was mit alten Autos und deren Fertigung zusammenhing.

Später, als Autokonstrukteur, entdeckte er einen echten Gegenwert im Rolls-Royce: »Er lässt sich nicht nur anschauen und anfassen. Er lässt sich auch heute noch im ganz hektischen Verkehr gut fahren.« Vonier sieht in ihm das einzige alte Auto, das hundertprozentig zuverlässig ist. Sein Motor kann bis zu einer Million Kilometer laufen. Die Bremsen waren schon 1923 so ausgereift, dass sie auch jetzt noch tauglich sind.

Adresse Gütle 11 a, A-6850 Dornbirn, Tel. +43 (0) 5572/52652, contact@rolls-royce-museum.at, www.rolls-royce-museum.at | Pkw A 96, A 14, Abfahrt Dornbirn-Nord, B 190, durch Dornbirn durch, links abbiegen in Schillerstraße, Vordere Achmühlstraße, links abbiegen in die Gütlestraße | ÖPNV Bregenz Hauptbahnhof, REX oder S-Bahn nach Dornbirn, Bus 7 zum Gütle, Haltestelle Rolls-Royce Museum | Öffnungszeiten Di–So April–Okt. 10–18 Uhr, Nov.–März 10–17 Uhr, feiertags geöffnet, Tea Room, Restaurant auch abends, Winterpause 7.–31. Jan. | Tipp Das naturkundliche Erlebnismuseum inatura in Dornbirn, das nicht nur Kinder anspricht, zeigt auf vier Ebenen Tiere, Fossilien, Pflanzen und auch die Veränderung der Landschaft durch den Menschen.

17 Das Naturschutzzentrum

Ausgangspunkt für Wanderungen im Eriskircher Ried

Im ehemaligen Bahnhofsgebäude von Eriskirch hat das Naturschutzzentrum vor 20 Jahren eine ideale Unterkunft gefunden. Die Gemeinde hat das Gebäude zur Verfügung gestellt. Ansonsten wird die gemeinnützige Stiftung »Naturschutzzentrum Eriskirch« zu 70 Prozent von Baden-Württemberg und zu 30 Prozent vom Bodenseekreis getragen.

Von Mitte Mai bis Mitte Juni bilden die Irisblüten im nahen Ried ein blaues Meer. Nirgendwo sonst findet man so reiche Bestände wie in den feuchten Streuwiesen am Bodensee. Ihr Name – Iris Sibirica – rührt her von ihrem Verbreitungsgebiet, das sich vom Westen Deutschlands bis nach Westsibirien erstreckt. Fast 3.000 Besucher zieht ihre Blüte jedes Jahr an. Doch ein Besuch des Eriskircher Riedes, das sich als größtes Naturschutzgebiet am Nordufer des Bodensees zwischen Schussenmündung und Friedrichshafen erstreckt, lohnt zu jeder Jahreszeit, auch im Herbst und Winter, mit seinen besonderen Wolkenstimmungen. Nach der Irisblüte sind in den Streuwiesen noch jede Menge andere Pflanzen zu entdecken. Bei einer geführten Wanderung lernt man sie mit Namen kennen: Sumpfstendelwurz, eine Orchideenart, Baldrian, Sauergräser, Blutwurz, Johanniskraut, Wilder Hopfen, Teufelsabbiss und noch viele mehr. Winzige Zikaden hüpfen blitzschnell durch das Gras. Ein Graureiher schreitet majestätisch einher. Der Sumpfrohrsänger ist aus dem eifrigen Vogelgezwitscher herauszuhören. Der kleine Vogel zieht im Herbst bis nach Südafrika und kommt mit einem »afrikanischen Dialekt« Mitte Mai zurück. Aus den Teichen tönt lautes Gequake. Kaulquappen und Libellen tummeln sich dort. Fleischfressende Pflanzen schweben im Wasser und strecken ihre winzigen Antennen nach Nahrung aus. Das Eriskircher Ried ist neben den ausgedehnten Streuwiesen und dem Bodenseezufluss Schussen von Auenwäldern und dem ökologisch besonders wertvollen Uferbereich der Flachwasserzone des Bodensees geprägt.

Adresse Bahnhofstraße 24, D-88097 Eriskirch, Naturschutzzentrum Eriskirch im Bahnhof, www.naturschutzzentren-bw.de, info@naz-eriskirch.de | Pkw B 31 von Friedrichshafen oder Lindau nach Eriskirch, Parkplätze beim Bahnhof | ÖPNV Züge von Singen-Friedrichshafen-Lindau halten direkt am Naturschutzzentrum. | Öffnungszeiten April–Ende Sept. Di–So, Feiertage 14–17 Uhr, Fr zusätzlich 9–12 Uhr, Okt.–März Di, Mi 14–16 Uhr, Fr 9–12 Uhr, So, Feiertage 14–17 Uhr | Tipp Von Friedrichshafen aus kann man eine Wasserwanderung mit dem Kanu am Eriskircher Ried entlang unternehmen. Zu buchen bei der Tourist-Information Friedrichshafen, Bahnhofplatz 2, D-88045 Friedrichshafen.

18 Der Gnadenbrunnen von Mariabrunn

Mit der Quelle fing alles an

Ein Ort der Ruhe und Besinnlichkeit, so erscheint der Brunnen neben der Pfarrkirche von Mariabrunn, einer Ortschaft, die zu Eriskirch gehört. Unter einem Bogen von Rosen trägt die liebliche steinerne Madonna ein neugierig schauendes Jesuskind auf dem linken Arm, während die rechte Hand das Gewand rafft. Unter ihr rinnt über zwei Kaskaden Wasser in eine Brunnenschale mit der Aufschrift: »Maria – Quelle der Gnade«. Über breite Stufen ist der Brunnen zu erreichen. Sitzgelegenheiten laden zum Verweilen ein.

Wo Mariabrunn steht, war lange bis auf das eine oder andere Haus nur Wald. Der Ort verdankt seine Entstehung der Quelle, »dem Weiherlein unserer Frauen Brunnen«, die bereits 1480 zum ersten Mal erwähnt wurde. Der Sage nach erlebte hier ein Hirte, der zur Gnadenmadonna betete, auf wunderbare Weise die Heilung seines verletzten Fußes. Das sprach sich schnell herum. So pilgerten immer mehr Wallfahrer nach Mariabrunn, das sich zum religiösen Mittelpunkt der näheren Umgebung entwickelt. Mit Hilfe der Opferstockgelder entstand eine Kapelle. Beim barocken Nachfolgebau in den Jahren 1746 bis 1752 hatte man den Hochaltar genau über der Quelle errichtet. Ihr Wasser wurde in einen kleinen Quellweiher geleitet, der in einem Gewölbe vor dem Kirchenschiff lag und durch eine eigene Tür zugänglich war. Christian Hörner aus München schuf die Marienfigur für die Brunnenanlage, die sie bis 1957 schmückte. Wegen der Kirchverlängerung wurde das Ganze auf den heutigen Platz neben der Kirche verlegt, das Wasser in den vom Architekten Otto Scheibitz junior geplanten Brunnen gepumpt, für den Bildhauer Georg Ziegler aus Friedrichshafen 1960 eine Kopie der originalen Wallfahrtsmadonna aus Muschelkalk anfertigte.

Obwohl das Brunnenwasser als nicht trinkbar bezeichnet wird, holen es Einheimische, Wallfahrer und sogar Heilpraktiker.

Adresse Mariabrunnstraße 68, D-88097 Eriskirch-Mariabrunn | **Pkw** über B 31, Anschluss an die A 98 in Lindau, A 81 in Stockach, Abzweigung Höhe Eriskirch auf Röckenweg, dann Mariabrunnstraße | **ÖPNV** Regionalbahn nach Eriskirch, Bus 221 zur Ortsmitte | **Tipp** Das Neue Schloss in Tettnang ist eine dreigeschossige Vierflügelanlage im Barockstil, an der viele berühmte Künstler mitwirkten, auch die Malerin Angelika Kauffmann.

19 Der Wasserturm

Kunst statt Abbruch

Einst stand der 32 Meter hohe Wasserturm von Eriskirch ungesehen im Wald. »Die Bäume hatten von ihm Besitz ergriffen«, wie es der Künstler Diether F. Domes stimmungsvoll ausdrückt. »Doch als die neue Straße an ihm vorbeigeführt wurde, stand der Turm nackt da.« Außerdem war er überflüssig, denn sein Wasserdruck reichte für Eriskirch nicht mehr aus. Das Landesdenkmalamt Baden-Württemberg fand das Gebäude aus den 50er Jahren nicht erhaltenswert. Daher wollte der Wasserzweckverband Unteres Schussental ihn abreißen. Der Abriss sollte 50.000 Mark kosten. Da hatte die Gemeinde die glorreiche Idee, das technische Denkmal zu restaurieren und durch Domes verschönern zu lassen, zumal dessen Honorar wegen der ersparten Abrisskosten der Gemeindekasse nicht zur Last fallen würde.

Diether F. Domes, Jahrgang 1939, wurde im nordmährischen Witteschau im Sudetenland geboren. Als Student der Staatlichen Werkschule Kassel kam er durch einen Ferienjob beim Bildhauer Müller-Oerlinghausen zum ersten Mal an den See, dessen Licht ihn heute noch fasziniert. Von 1964 bis 1966 studierte er an der Akademie Karlsruhe, wo er seinen Abschluss als Meisterschüler des Professors Georg Meistermann machte. Seine preisgekrönten Arbeiten, vor allem Glasfenster im sakralen Raum, sind deutschlandweit zu finden.

Der Entwurf des Künstlers überzeugte sofort: Es sollte der Eindruck entstehen, dass das Wasser, das zuvor dem Turm seinen Sinn und Zweck gegeben hatte, außen an ihm hinablief. Domes stand im Jahr 2001 vier Wochen auf dem Gerüst und übertrug Wasserlinien in seiner eigenen Bildsprache frei auf die 700 Quadratmeter große, sanierte Betonfläche. Die Farben trug Maler Hartwig Rapp auf, nachdem die Farbskala vorher nummeriert worden war, also »Malen nach Zahlen«. So hat der europaweit bekannte Künstler eine weitere, weithin sichtbare Farbspur hinterlassen.

Adresse Wasserturm Eriskirch-Schlatt, D-88097 Eriskirch, Ortsumfahrung Eriskirch | **Pkw** auf der L 334, von Langenargen am Bodensee in Richtung Mariabrunn-Eriskirch fahren, der Wasserturm steht kurz vor Schlatt auf der rechten Seite, bevor man auf die B 31 kommt | **Tipp** Im Strandbad von Eriskirch hat man zusätzlich zum See auch noch ein Schwimmbecken mit Wasserrutsche und Sprungturm. Das Atelier des Künstlers Diether F. Domes befindet sich seit Januar 2012 in der alten Schule von Mariabrunn, Ortsteil von Eriskirch.

20 Das Hotel Adler

Wo schon Kaiser und Könige zu Gast waren …

Ermatingen am Schweizer Ufer des Untersees wird bereits 724 in einer Urkunde erwähnt. Karl Martell, der Großvater von Karl dem Großen, schenkte das Dorf dem Kloster Reichenau, das direkt gegenüberliegt. Auch nach der Eroberung des Thurgaus durch die Eidgenossen blieb die niedere Gerichtsbarkeit beim Abt, bis man sie 1540 dem Hochstift Konstanz übertrug. Erst 1839 erfolgte die endgültige Ablösung.

Das historische, auffallend schöne Haus »Adler« in Ermatingen ist eine der ältesten Herbergen der Schweiz und das älteste Hotel des Kantons Thurgau. In Urkunden wurde es bereits 1270 erwähnt. Der stattliche Riegelbau, so wie er heute steht, stammt aus der Zeit um 1500. Im Jahr 1825 erhielt die Taverne das Recht, Gäste zu beherbergen. Im Gästebuch dieses Hauses sind viele prominente Namen zu lesen: Königin Hortense, die im nahen Schloss Arenenberg residierte, ihr Sohn Charles Louis Napoleon, der spätere Kaiser Napoleon III., François-René de Chateaubriand, Alexandre Dumas, Kaiserin Eugénie, Graf Zeppelin, der hier vierspännig vorfuhr, Thomas und Golo Mann, Hermann Hesse und viele andere …

Nicht nur die gemütlichen Räume im Haus, sondern auch der Kastaniengarten laden zum Verweilen ein. Ins Auge fallen besonders die schönen Fresken an der Fassade, die das Fischerhandwerk zeigen. Sie sind ein Werk des spanischen Malers José Sanz y Arizmendi. Er erhielt 1926 den Auftrag, sich an der Restaurierung des altehrwürdigen Gasthauses zu beteiligen. Für den Maler bedeutete das eine zehn Monate dauernde Übersiedlung von Röhrswil im Kanton Bern an den Untersee. Bevor er anfing, zeichnete er im Adlergarten viele Porträtskizzen von Dorfbewohnern. So sind etliche Personen an der Hauswand heute noch gut zu erkennen und namentlich bekannt. Am Horn in Ermatingen stehen drei alte flachbodige Fischerschiffe, mit denen einst die großen Netze eingeholt wurden, wie am Hotel Adler dargestellt ist.

Adresse Fruthwilerstraße 2, CH-8272 Ermatingen, www.adler-ermatingen.ch | **Pkw** Konstanz, Europastraße, Konstanzerstraße oder Hauptstraße 13 bis Ermatingen, links abbiegen auf Fruthwilerstraße | **ÖPNV** Bahnhof Ermatingen, Bus 820, Haltestelle Rathaus | **Schiff** Anlegestelle in der Nähe | **Öffnungszeiten** Restaurant: Mi–So 9–23 Uhr | **Tipp** Das Napoleonmuseum Schloss Arenenberg mit kostbaren Möbeln und Gemälden liegt ganz in der Nähe, oberhalb von Mannenbach. Es gehörte Hortense de Beauharnais, Adoptivtochter von Kaiser Napoleon I.

21 Bordell auf Klostermauern

Von der Entsagung zur käuflichen Liebe

Johannes von Ravensburg-Löwental war ein frommer Mann. Der staufische Ministeriale übergab seine Burg am Ostertag des Jahres 1250 Dominikanern zur Gründung eines Klosters. Sie lag nah der damaligen freien Reichsstadt Buchhorn.

Seine Frau Guta rief aus Konstanz 20 Schwestern herbei. Die Ordensregeln der Armut und der Askese müssen auch Johannes und sie angesprochen haben: Guta trat als Nonne ins Kloster Löwental ein, ihr gottgefälliger Mann wurde Mönch. Nach seinem Willen sollte das Kloster den Namen »Himmelswonne« tragen. Er setzte sich jedoch nicht durch.

Da die Nonnen Handwerker und Bauern für ihre »irdische Kost« benötigten, wuchs Löwental zu einem kleinen Ort heran. Auch eine Mühle, eine weit beachtete Klosterapotheke und das Wirtshaus »Zum Klosterwirt« sorgten für Ansehen und Wohlstand.

Mehrere Brände und der Dreißigjährige Krieg brachten jedoch immer wieder Zerstörungen. Bei der Säkularisierung 1806 ging das Kloster samt Besitzungen an das Haus Württemberg.

Der dicke König Friedrich von Württemberg sicherte den Nonnen zunächst Bleiberecht zu, machte jedoch bald aus dem Ordensgebäude eine Kaserne. Die asketischen Schwestern mussten weichen.

Die Bombennächte des Zweiten Weltkriegs, die Friedrichshafen als Industriestadt massiv zerstörten, ließen von dem frommen Ort nur eine Kapelle, das Wirtshaus und Reste der Klostermauern übrig. Auf die Mauern pfropfte die ZF Friedrichshafen AG einen dreistöckigen Bürokubus auf. Unlängst erwarb ein Bordellbetreiber das Gebäude, beleuchtete es rot und wirbt seitdem strahlkräftig, es sei das größte »Laufhaus« am Bodensee.

Wo einst auf das Jenseits ausgerichtete klösterliche Askese stattfand, werden jetzt in Bordell und Bar weltliche Begierden befriedigt. Wie zum stummen Protest ist eine Gedenktafel, die auf das Kloster hinwies, von der noch übrig gebliebenen Klostermauer abgefallen.

Adresse Bodensee Bordell, Flugplatzstraße 9, D-88046 Friedrichshafen | Pkw A 81, dann A 98, bei Stockach auf B 31 bis Friedrichshafen, weiter auf Ravensburger Straße/B 30, links abbiegen auf Barbarossastraße, im Kreisverkehr 4. Ausfahrt-Flughafenstraße/K 7728, Ziel auf der rechten Seite, Parkplätze im Innenhof | ÖPNV Friedrichshafen Hauptbahnhof, umsteigen nach FN-Ost, 17 Minuten zu Fuß | Öffnungszeiten Mo–Mi 16–5 Uhr, Fr und Sa 14–5 Uhr, So 14–2 Uhr | Tipp Vom Dach des nahen Flugplatzes kann man das Starten und Landen der Flugzeuge beobachten.

22 Die Bucht von Manzell

Start des ersten Zeppelins

Am 2. Juli 1900 startete in der Bucht von Manzell das erste Luftfahrtschiff LZ1. Genau dort, wo heute das große, helle Industriegebäude steht, ließ Graf Zeppelin von 1898 bis 1908 seine Luftschiffe im Uferbereich bauen. Dort befand sich auch die sogenannte Reichsschwimmhalle aus Holz, die zum Ein- und Aushallen der Luftschiffe ideal war, weil man sie mit dem Wind drehen konnte. Aus dieser Halle startete das 128 Meter lange und von zwei Daimler-Motoren mit je 14,2 PS getriebene erste Luftschiff unter Führung des Grafen Zeppelin persönlich. Es hielt sich nur 18 Minuten am Himmel. Die Winde des Augleichsgewichtes war zerbrochen, sodass es auf dem Wasser notlanden musste.

Der am 8. Juli 1838 in Konstanz geborene Ferdinand Graf von Zeppelin begeisterte sich im Alter von 25 Jahren für die Luftschifffahrt, als er zum ersten Mal mit einem Fesselballon aufstieg. Ab 1890 widmete er sich den Konstruktionsplänen eines Luftschiffes und meldete »ein lenkbares Luftfahrzeug mit mehreren hintereinander angeordneten Tragkörpern« zum Patent an. Das besondere Merkmal war ein »starres Gerippe«, das auch heute noch das Grundgerüst der modernen Zeppeline ist.

Ab 1908 hat der Graf seinen ersten Luftschiffhangar am heutigen Flughafen von Friedrichshafen errichtet. Trotz einiger Fehlversuche wurde der Zeppelin weiterentwickelt. Nicht zuletzt, weil sich die Deutschen so sehr für ihn begeisterten. Nach dem Zweiten Weltkrieg war die Luftschifffahrt erst einmal zu Ende. Sie wurde erst 1990 wieder aufgenommen. 1997 fand der Jungfernflug des ersten Zeppelin NT (Neue Technologie) statt, der heute in erster Linie für touristische Zwecke und Forschungsflüge eingesetzt wird. Obwohl der Flugpreis recht stattlich ist, ist es ist nicht einfach, einen Platz im Zeppelin NT zu ergattern. Sehnsüchtige Blicke folgen dem Riesenvogel, wenn er so majestätisch über den Bodensee Richtung Alpen brummt.

Adresse Bucht von Manzell, heute MTU-Tognum, D-88045 Friedrichshafen-Schnetzenhausen | Pkw B 31 Richtung Friedrichshafen, bei Manzell zur Manzellerstraße K 7742 abbiegen Richtung See (Zeppelin-Rundflüge: Deutsche Zeppelin-Reederei GmbH, Allmansweilerstraße 132, 88046 Friedrichshafen, www.zeppelinflug.de, info@zeppelinflug.de) | ÖPNV Bodenseegürtelbahn hält in Friedrichshafen-Manzell | Tipp Das Zeppelinmuseum befindet sich in der Stadtmitte von Friedrichshafen im alten Hafenbahnhof. Es hat weltweit die bedeutendste Sammlung zur Geschichte und Technik der Luftfahrt.

23 Das Dornier Museum

Wo sich große Pioniere treffen

»Das Dornier Museum ist nicht nur ein emotionales Erlebnis für Technikbegeisterte – alle Geschichtsinteressierten, neugierige Menschen, Familien mit Kindern und Jugendliche möchten wir zum Nachdenken anregen und zu großen Ideen inspirieren«, so Projektleiter Cornelius Dornier, Sohn des Silvius Dornier, Initiator und Stifter dieses Museums, das 2009 neben dem Friedrichshafener Flugplatz eröffnet wurde. Das moderne und luftige Gebäude mit seinen 5.000 Quadratmetern Ausstellungsfläche ist einem Hangar nachempfunden. Fünf große Themenkreise sind übersichtlich dargestellt: Flugzeuge vom Kaiserreich bis in die Jetztzeit, der Werdegang des Unternehmers – der dreimal sein Werk neu aufbauen musste, aber durch sein fachübergreifendes Denken neue Technologien entwickelte –, Werkstoffe und die Kunst am Bau.

In der Eingangshalle empfangen in großformatigen Bildern Pioniere der Luftfahrt den Besucher – von Leonardo da Vinci über Zeppelin bis zu Claude Dornier, dem großen Visionär. In einem Rundgang wird die Geschichte des Dornier Konzerns und die Entwicklung der Luft- und Raumfahrt in den letzten 100 Jahren dargestellt. Zum Teil noch flugfähige Originale können aus nächster Nähe bestaunt werden. Erstaunlich auch, wie die Dornier-Forschung Grundlage für heutige Innovationen in der Autoindustrie, in der Medizin und in der Weltraumtechnik war.

Am Abend verzaubert eine Lichtinstallation die Front des Dornier-Museums mit immer neuen Farbspielen. Der amerikanische Künstler James Turrell – selbst ein leidenschaftlicher Flieger – suchte für seine Sammlung einst eine DO 27. Das Museum half bei der Vermittlung, aus Dankbarkeit entwarf er die Fassadeninstallation, die vom österreichischen Unternehmen Zumtobel realisiert wurde.

Die Botschaft des Dornier-Museums: Jeder Mensch kann ein Pionier sein und seine Verantwortung für die Mitgestaltung an der Zukunft übernehmen.

Adresse Claude-Dornier-Platz 1, D-88046 Friedrichshafen, info@dorniermuseum.de, www.dorniermuseum.de | Pkw B 31, B 30, beim Kreisverkehr auf K 7728, rechts abbiegen auf K 7791 bis zum Museum kurz vorm Flugplatz, der auf der ganzen Strecke gut ausgeschildert ist | ÖPNV ab Stadtbahnhof, Buslinie 8, Haltestelle Dornier-Museum | Öffnungszeiten Mai–Okt. täglich 10–18 Uhr, Nov.–April Di–So 10–17 Uhr (an gesetzlichen Ferien- und Feiertagen in Baden-Württemberg auch Mo), geschlossen 24., 25. und 31. Dez. | Tipp Ein Besuch der nahen Zeppelin-Reederei in der Allmannsweilerstraße 132, wo man den Hangar und den Start eines Zeppelins erleben kann, empfiehlt sich.

24 Das Klangschiff

Bühne für Musiker und Akrobaten

Vor der wunderschönen Kulisse aus See und Bergen erhebt sich an der Uferpromenade von Friedrichshafen das sogenannte Klangschiff aus dem Wasser. Die bizarre »Riesenspieluhr« aus Eisen trotzt Wind und Wetter und entfaltet doch nur einmal im Jahr ihre Magie.

Der Künstler Helmut Lutz nannte es »Im Augenblick«. Gebaut hat er es während des Balkankrieges als eine Art Botschafter für den Frieden. Damit seine Botschaft gehört wird, reiste das Klangschiff entlang der Donau über Beuron, Ulm, Passau, Linz, Wien, Bratislava und Budapest nach Mohacs, an die Grenze zu Serbien. Im Jahr 2000 wurde es in Sarajevo, der Partnerstadt von Friedrichshafen, aufgestellt.

Ein Jahr später ging das 40 Meter lange Schiff endgültig im Bodensee vor Anker, wo es im Rahmen des jährlich stattfindenden Kulturufers als Bühne für Performances und Konzerte dient. Das Klangschiff ist somit für Friedrichshafen gleichzeitig Kunstwerk und Kulturbühne. Außerdem soll es für ein friedliches Miteinander in einem geeinten Europa stehen. Es symbolisiert die Partnerschaft zwischen Sarajevo und Friedrichshafen, die seit 1972 besteht.

Großen Wert legt Helmut Lutz darauf, dass sich während eines Spiels auf seiner Plattform zeigt, mit welchem Aufwand die beweglichen Teile der Skulptur konstruiert wurden. Der Künstler, der am 28. März 1942 in Freiburg geboren wurde, hat sein Atelier hoch über dem Rhein in Breisach. Dort fertigt er riesige Skulpturenanlagen aus Stahl, Holz und Beton. Zu seinem Lebenswerk »Sternenweg« wurde der Künstler durch die Sternform der Festung Neuf-Brisach in seiner Nachbarschaft inspiriert. Die Skulpturenanlage hat einen langen Weg zuerst zum westlichsten Punkt Europas gemacht, um dann nach Osten über Krakau, Prag, Rom, Athen, Istanbul und durch die Wüste bis nach Jerusalem zu reisen. Ihren festen Platz hat sie heute in Sarajevo gefunden als Zeichen der Verbindung zwischen Ost und West.

Adresse Seestraße, D-88045 Friedrichshafen | Pkw B 31, ins Parkhaus, dann Eckenerstraße, Romanshorner Platz, Hafen | ÖPNV Bahnhof Friedrichshafen-Stadt mit IRE oder RG, dann nur wenige Meter am Hafen entlang zur Uferpromenade | Tipp Ein Spaziergang am Segelhafen entlang bis zum Graf-Zeppelin-Denkmal bei der Graf-Zeppelin-Festhalle, in der viele kulturelle Veranstaltungen stattfinden. Ein Restaurant direkt am See ist auch dabei.

25 Das Schloss der Künste

Keine vier Sterne, dafür aber fünf Herzen

Im kleinen Ortsteil Efrizweiler von Friedrichshafen steht ein mächtiges Schloss, das eher an eine Burg erinnert. Der alte Teil mit seinem großen Gewölbekeller wurde im 11. Jahrhundert erbaut, die erste urkundliche Erwähnung stammt aus dem Jahr 1166. Namensgeber für Schloss und Ort war Ritter Efrid.

»Hier habe ich Kraft gespürt«, sagt Ingrid Rundel. Spontan erwarb die Künstlerin im Jahr 1999 das zum Verkauf stehende Gebäude. Zusammen mit ihren drei Kindern gab sie dem Schlossrestaurant den ihr eigenen künstlerischen Stil und richtete individuelle, sehr ansprechende moderne Hotelzimmer ein. »Cool Hotels Germany« bezeichnet das Schloss-Hotel als ein »in die sanfte Landschaft des Bodensees eingebettetes, besonderes und erschwingliches Refugium«. Gäste können zu den angegebenen Preisen alle möglichen »Extras« in Anspruch nehmen, wie »Zeit zu zweit«, »die Zukunft planen«, »Liebe machen« oder »ins Kissen weinen« …

Das Restaurant hat einen sehr guten Ruf, denn Ingrid Rundel verbindet in bewundernswerter Weise Kochen, Gestalten und Malen, und das als Autodidaktin: »Ich mache alles aus dem Bauch heraus.« Dass sie mit Leidenschaft an das Ganze herangeht, ist überall zu spüren. Ihre kraftvollen Bilder, die interessanten Accessoires und die selbst entworfene und selbst gebaute Einrichtung geben dem alten Gemäuer eine ganz besondere Atmosphäre. Diese Frau ist ein wahres Energiebündel!

Ihre schmackhafte Küche »à la Mama« kocht sie mit viel Liebe. Da heißt es auf Schwäbisch: »S' wird gesse, was auf de Tisch kommt.« Wie daheim werden Schüsseln, Pfannen und Töpfe zur Selbstbedienung auf den Tisch gestellt. Berühmt sind die Schnitzel vom schwäbisch-hällischen Landschwein, die geschmorten Enten oder die Schälrippchen aus dem Steinbackofen. Als Nachtisch gibt's »Sex vom Löffel« – Pannacotta mit frischen Früchten – oder »Rauschkugel« – Likörle mit Vanilleeis.

Adresse Riedheimerstraße 8, D-88048 Friedrichshafen-Kluftern, info@schlossderkuenste.de, www.schlossderkuenste.de | Pkw Friedrichshafen-Stadt, auf Zeppelinstraße B 31 bis Ende, dann rechts Richtung Schnetzenhausen, Ortsmitte links auf Klufternerstraße bis Efrizweiler, an der Kreuzung rechts auf Riedheimerstraße | ÖPNV Friedrichshafen-Stadt mit Regionalbahn 22772 nach Friedrichshafen-Kluftern, dann Bus 11 nach Efrizweiler oder Bus 12 direkt nach Efrizweiler | Öffnungszeiten Di–Sa ab 17 Uhr (an Feiertagen geschlossen) | Tipp Im Nachbarort Kluftern steht eine schöne alte Barockkirche, die durch einen zeltartigen modernen Neubau erweitert wurde.

26 Das Zeppelindorf

Eine musterhafte Arbeitersiedlung

Ein gelungenes Beispiel, wie die Wohnsituation von Arbeitern eines Werkes zu verbessern ist, zeigt das Zeppelindorf, das zum großen Teil noch im Originalzustand erhalten ist.

Die Eröffnung der Zeppelinwerke in Friedrichshafen zog viele Werksneugründungen nach sich, sodass man für die nahezu 600 Mitarbeiter des Konzerns geeignete Wohnungen schaffen wollte. Bereits 1913 hatte Ferdinand Graf Zeppelin mit der »Zeppelin Wohlfahrt GmbH« ein umfassendes und heute noch vorbildliches Sozialwerk gegründet, das die Unternehmenskultur mitgeprägt hat. Sie begann mit dem Erwerb von Bauland in der Nähe der Zeppelinwerke. Die Planung übernahmen der Stuttgarter Architekt Paul Bonatz und sein Friedrichshafener Kollege Friedrich Eugen Scholer, die beide auch für den Bau des heftig umstrittenen historischen Stuttgarter Hauptbahnhofs zuständig waren. Die einzelnen Grundstücke wurden großzügig bemessen, damit Platz für den Anbau von Gemüse und Obst vorhanden, ja sogar Kleintierhaltung möglich war.

Die eingeschossigen Häuser mit den hohen Walmdächern unterscheiden sich nur in ihren Grundrissen, es gibt sie als Einzel-, Doppel- oder Reihenhäuser. Die Farbgebung und Gestaltung war einheitlich. Und doch entstand kein monotoner Eindruck. Zu den 76 Wohngebäuden kamen noch eine Gastwirtschaft, eine Metzgerei und ein Dorfladen. Das Zeppelindorf war damit eine der großzügigsten Arbeitersiedlungen Südwestdeutschlands. Leider wurden im Krieg viele Häuser zerstört. Die Zeppelin Wohlfahrt GmbH, die immer noch zuständig ist, ließ sie nach den Originalplänen wieder aufbauen. Außerdem werden in einem Sanierungsprogramm Gestaltungsfehler beseitigt, die sich im Laufe der Jahre eingeschlichen haben. Die Wohlfahrt GmbH stellt den Mitarbeitern der Friedrichshafener Stiftungsbetriebe preisgünstigen Wohnraum zur Verfügung. Heute ein Vorzeigeobjekt für lebenswertes Wohnen im Grünen.

Adresse König-Wilhelm-Platz, D-88045 Friedrichshafen, Zeppelindorf | Pkw Bahnhof Friedrichshafen, von Friedrichstraße rechts auf Olgastraße, bei Einmündung Maybachstraße rechts auf Colsmanstraße / B 31, links in Meistershofenerstraße, wieder links auf König-Wilhelm-Platz, parken | ÖPNV Bahnhof Friedrichshafen, Buslinie A 12 und A 13, Haltestelle Riedlehof, acht Minuten Fußweg | Tipp Zum Vergleich eine noble »Herberge«: Schloss und Park in Friedrichshafen gehören dem Haus Württemberg, sind nicht zu besichtigen, aber vom See aus zu sehen. Die Schlosskirche kann von Mitte April bis Oktober von 9 bis 18 Uhr (ausgenommen Mittwochvor- und Freitagnachmittag) besucht werden.

27 Das Zeppelin Museum

Vom Luxus- zum Lotterbett

Nüchtern waren sie, die Passagierkabinen des LZ 129 »Hindenburg«. Ganz so, als ob die 72 Gäste, die einst über zwei Stockwerke im Bauch des Riesen logierten, sich im funktionalen Interieur von all den Sensationen erholen müssten. Heute lassen sich die funktional eingerichteten Kabinen in der Teilrekonstruktion des Luftschiffes im Zeppelin Museum in Friedrichshafen bestaunen: Die Leichtmetall-Betten waren hochklappbar, ebenso die Waschbecken mit kalt-warmem Wasser. Das größte Luftfahrzeug aller Zeiten war außerdem mit der ersten »Himmels-Dusche« der Welt ausgestattet. Mit 245 Metern war die »Hindenburg« nur 24 Meter kürzer als die »Titanic«, dabei 16 Stockwerke hoch und dem Wasserriesen in manchem überlegen. Die Fahrt war leise und so vibrationsarm, dass ein im Zuge einer Wette auf den Kopf gestellter Füllfederhalter stundenlang nicht umfiel.

Passagierberichte beschwören diese Art des Reisens: Da wird von den Fünf-Gänge-Menüs im Speisesaal geschwärmt, von Konzerten auf einem Leichtmetall-Flügel – einer Sonderanfertigung, die nur 200 Kilo wog – vom Lese- und Schreibzimmer mit eigener Poststation. Von der Bar und dem legendären Rauchsalon! (Der war jedoch nicht schuld daran, dass die »Hindenburg« Anfang Mai 1937 in Lakehurst explodierte – nach 62 erfolgreichen Fahrten.)

Die Promenadendecks boten wegen der niedrigen Flughöhe eine himmlische Perspektive: Da wird von Treffen mit Seeschiffen berichtet, mit seekranken Passagieren durch die Wellen stampfend, von Wal-Sichtungen und der atemberaubenden Einfahrt in die Bucht von Rio de Janeiro.

Das Zeppelin Museum kennt einige »Erregung« im Luftschiff-Nachbau. Denn dort wurden schon heimliche Liebespaare im Bett der Passagierkabinen entdeckt. Die »verpetzte« der Bewegungsmelder, und die Nachtwache hatte dann einen lustigen Einsatz. Andere Verliebte haben sich dort schon verlobt. Mit offizieller Erlaubnis!

Adresse Seestraße 22, D-88045 Friedrichshafen, Tel. +49 (0) 07541/3801-0, www.zeppelin-museum.de | Pkw B 31, abzweigen auf Eckenerstraße, dort auf Parkplatz oder in Parkhaus, wenige Meter zu Fuß zum Museum | ÖPNV Hafenbahnhof mit IRE 3244 oder Bus 14, Haltestelle Hafen | Öffnungszeiten Mai–Okt. täglich 9–17 Uhr, Nov.–April Di–So 10–17 Uhr | Tipp Friedrichshafen besitzt eine private, staatlich anerkannte Hochschule, die Zeppelin-Universität. Ihre modernen Gebäude liegen sehr schön direkt am Bodensee, am Seemooser Horn.

28 Klein-Venedig

Von Holzgondeln und protzigen Motorbooten

Das Rheindelta am östlichen Bodensee ist eine beeindruckende Landschaft: Zwischen dem Alten Rhein an der Staatsgrenze Österreich / Schweiz und der Dornbirnerach stehen rund 2.000 Hektar Flachwasser, Schilfröhrichte, Feuchtwiesen und Auwälder unter Naturschutz. Das Feuchtgebiet ist ein bedeutendes Brut- und Rastgebiet für Vögel – bis heute wurden über 330 verschiedene Arten beobachtet. Auch etwa 700 Schmetterlings- und 40 Libellenarten sind hier heimisch.

In einem Gemeinschaftsprojekt von Österreich und der Schweiz wurde nach langen Verhandlungen im Jahr 1900 der Rhein in ein neues Flussbett verlegt, um die Anlieger des Rheintales vor immer wiederkehrendem Hochwasser zu schützen. Dadurch, dass der Fluss so viel Geschiebemasse mitbrachte, drohte eine Verlandung der Fußacher, Harder und Bregenzer Bucht. Seither wurde die Mündung des »Neuen Rheines« mit einem Damm immer weiter in den Bodensee verschoben. Da, wo die Alte Dornbirner Ache in die Fußacher Bucht einmündet, bauten Fischer vor 55 Jahren die ersten Holzhütten und fischten von ihren Holzgondeln aus. Nach und nach entstanden an den Wasserläufen immer mehr Wochenendhäuser, die wegen des feuchten Grundes auf Pfähle gesetzt wurden. Die Boote konnten und können direkt in eine »Garage« darunter einfahren.

Aus dem einfachen Fischerstüble der Familie Greussing, vor dem man direkt anlegen und im Baumschatten auf Kiesgrund einfache Fischgerichte essen konnte, ist heute ein beliebtes Restaurant mit großer Terrasse und Pergola geworden. Die Wochenendhäuser ringsherum haben sich großenteils zu noblen Sommerresidenzen ausgewachsen. Einige zeigen die moderne puristische Vorarlberger Architektur. Geblieben ist die idyllische Lage an den Kanälen. Und weil es schließlich Naturschutzgebiet ist, in dem der Große Brachvogel überwintert, müssen alle Bewohner im Oktober die Schotten dicht machen bis zum nächsten Frühling.

Adresse Fischerstüble, In der Schanz 30, A-6972 Fußach, Tel. +43 (0) 5578/75750, www.fischerstueble.at | **Pkw** Bregenz-Rheinstraße, nach der Brücke rechts abbiegen Richtung Rheindeltahaus, dann links in die Schanz | **ÖPNV** Bahnhof Bregenz, Bus 11 bis Harder Brücke | **Schiff** nach dem Rheindamm wegen der Untiefen in die gekennzeichnete Fahrrinne abbiegen, am Rohnerhafen und der Werft vorbei, links am Fischerstüble auf Gästeplätzen anlegen | **Öffnungszeiten** Fischerstüble: Mitte April–Mitte Sept. Mo–Sa von 9–23 Uhr, So 9–21 Uhr | **Tipp** Gegenüber dem Fischerstüble kann man fangfrischen Fisch einkaufen.

29 Das avantgardistische Bootshaus

Eine Glasschachtel schwebt über dem Bodensee

Rund 180 Jachten liegen im Rohner Hafen von Fußach. Vor neun Jahren hatte die unglaublich dynamische Vorarlbergerin Maria Rohner ein nicht mehr rentables Kieswerk übernommen und eine Marina daraus gemacht. Das Gewerbegebiet im Rheindelta erlebte eine stimmige Verwandlung.

Von den Architekten Carlo Baumschlager und Dietmar Eberle ließ sich die Besitzerin des Hafens im Jahr 2000 am Ufer ein modernes Bürogebäude bauen, eine scheinbar schwebende Konstruktion aus Beton und Glas, die sofort Aufsehen erregte. An den Rand von Anlegestellen und Liegeplätzen gegenüber setzten sie eine von Glas umhüllte Schachtel aus Beton in den See. Das Glas ist ungleichmäßig strukturiert, »abgebürstet«, sodass es ein wenig an Eisblumen denken lässt. Darunter winden sich organische, an Bäume erinnernde Formen aus Beton in die Höhe.

Das Gebäude hat einen Grundriss von sieben mal 14 Metern und ist 14 Meter hoch. Der Pfahlbau ruht auf einem massiven Ring von in den Boden des Sees eingelassenen Pylonen. Von der Landseite kann man das Gebäude durch eine nach rechts verschobene Tür betreten.

Vom Eingangsbereich zieht sich eine schwebende Treppe in den oberen Teil des Hauses in einen 8,80 Meter hohen Raum, der minimalistisch mit langen Holztischen und -bänken eingerichtet ist. Mit Mobilar haben hier 50 Personen Platz, ohne Tische und Stühle 100. Für die Belüftung sorgen drei übereinanderliegende Scheiben an Ost- und Westfront der Glashülle, die sich öffnen lassen. 116 speziell für den Ort entwickelte LED-Lichtquellen tauchen den oberen Aufenthaltsraum und die untere Bootshalle mit verschiedenen Farben in ein magisches Licht. Durch die Glashaut dringt es nach außen, sodass das Gebäude auf dem Wasser zu schweben scheint.

Adresse Hafen Rohner GmbH, Hafenstraße 18, A-6972 Fußach, Tel. +43/55787/5320 | Pkw von Bregenz auf B 190 nach Fußach, Richtung Rheindelta in die Hafenstraße | ÖPNV Bahnhof Bregenz, Bus 11 bis Rheinbrücke, an die 800 Meter zu Fuß | Boot nach dem Rheindamm rechts in den Rohner Hafen | Tipp Eine Wanderung durch das Naturschutzgebiet mit anschließendem Bad im See bietet sich an.

30 Der Garten von Hermann Hesse

Beispielhafte Rettung einer Erinnerungsstätte

Die stattliche, aber zwischenzeitlich total heruntergekommene Villa von Hermann Hesse in Gaienhofen auf der malerischen Halbinsel Höri sollte einer intensiveren Bebauung weichen. Doch der Biologin Eva Eberwein – die seit Kindertagen eine Beziehung zu dieser Landschaft und zum verwilderten Garten des Hesse-Hauses hat – gelang es im Jahr 2004 zusammen mit ihrem Mann und mit Hilfe des Fördervereins Hermann-Hesse-Haus und -Garten e.V., die Anlage zu retten und in ihren alten schmucken Zustand zurückzuversetzen. Heute atmen Haus und Garten wieder den Geist des von der Lebensreform beeinflussten berühmten Schriftstellers und seiner Frau Maria Bernoulli.

Für das frisch verheiratete Ehepaar hieß es im Jahr 1904: Hinaus aus der Stadt, weg von der Industrie zu einem ländlichen Leben in sauberer Luft und mit Selbstversorgung aus dem eigenen Garten, streng nach ökologischen Gesichtspunkten. Nach drei Jahren in einem Bauernhaus zur Miete in der Ortsmitte ließen sich die Hesses 1907 vom Architekten Hans Hindermann ein eigenes Haus bauen. Der weiträumige Garten rund um die Landhaus-Villa ist der erste und einzige, den Hesse von Grund auf selbst plante und eigenhändig anlegte. Doch das einfache Leben mit seiner Frau Mia, die ihm zuliebe ihren Beruf als Fotografin aufgegeben hatte, und mit den drei Kindern füllte ihn bald nicht mehr aus. Im Jahr 1912 verkaufte er Haus und Garten und zog mit der Familie nach Bern.

Eva Eberwein hat nach alten Plänen Hesses Garten wieder hergerichtet. Vor dem Haus liegt der Nordgarten mit streng ausgerichteten Wegen und Beeten, in denen Kräuter und andere Nutzpflanzen gedeihen. Hinter dem Haus die üppige Blumenpracht, wie sie auch in Bauerngärten zu finden ist, von denen Hesse sich inspirieren ließ.

Adresse Hermann-Hesse-Weg 2, D-78343 Gaienhofen, Tel. +49 (0) 7735/440653, www.hermann-hesse-haus.de | Pkw A 81 bis Kreuz Hegau, B 33, B 34, L 220, L 192 bis Gaienhofen, von der Hauptstraße in Ortsmitte abbiegen auf Erlenlohweg, scharf links auf Hermann-Hesse-Weg | ÖPNV mit dem Zug nach Radolfzell, dann Bus 7368 Richtung Stein am Rhein bis Gaienhofen | Öffnungszeiten individuelle Führungen nach Anmeldung, Mai–Aug. ein- bis zweimal im Monat öffentliche Führungstermine, Themenführungen, siehe Homepage | Tipp Mit dem Prospekt »Garten-Rendezvous Untersee« (www.tourismus-untersee.de) kann man 34 weitere, zum Teil private Gärten entdecken.

31 Das Hansjakob-Standbild

Ein Revoluzzer in der Soutane

Ein lebensgroßes schwarzes Standbild vor dem Rathaus im Winzerdorf Hagnau erinnert an den großen Wohltäter Dr. Heinrich Hansjakob. Er gründete 1881 die erste badische Winzergenossenschaft, in einer Zeit, als es den Winzern nach Missernten besonders schlecht ging und Händler versuchten, ihre Notlage auszunützen.

Heinrich Hansjakob wurde 1837 als Bäckers- und Gastwirtssohn im Schwarzwälder Kinzigtal geboren. Nach seinem Studium der Theologie, Philosophie und Philologie in Freiburg trat er in den badischen Schuldienst ein und unterrichtete in Donaueschingen und Waldshut. Doch seine Karriere war schnell beendet, als er gegen die liberale kirchenfeindliche Regierung Stellung bezog. Der zwei Meter große und zwei Zentner schwere Mann, der gern einen breitrandigen schwarzen Filzhut trug, bewarb sich daraufhin um die freie Stelle eines Dorfpfarrers in der damals 600-Seelen-Gemeinde Hagnau, wo er 15 Jahre lang wirkte. Mit seinen sozialkritischen Schriften und Äußerungen eckte der Revoluzzer immer wieder an.

Als Landtagsabgeordneter der Katholischen Volkspartei in Karlsruhe setzte er sich dafür ein, dass Hagnau und Immenstaad eigene Landungsstege für den Dampfschifflinienverkehr erhielten. Außerdem unternahm er Reisen nach Frankreich, Italien, Belgien und Holland, betätigte sich als Schriftsteller und veröffentlichte bis zu seinem Tod 1919 insgesamt 70 Titel, unter anderem Erzählungen und Reiseerinnerungen.

Die Gemeinde Hagnau hat ihm nicht nur die große Skulptur vor dem Rathaus, sondern auch ein Relief und in ihrem historischen Winzerkeller ein großes Weinfass gewidmet. Auf Wunsch erscheint dort bei einer Weinprobe »Dr. Hansjakob« mit Revoluzzerhut und schwarzem Gewand höchstpersönlich.

In Hagnau ziehen sich heute 145 Hektar Weinberge in Südlage bis zum Ufer des Bodensees hin, auf denen 60 Winzerfamilien kontrolliert umweltfreundlichen Weinbau betreiben.

Adresse Im Hof 5, D-88709 Hagnau am Bodensee | Pkw B 31, in Ortsmitte zur Strandbadstraße abbiegen, dann links zum Hof des Rathauses | ÖPNV Bahnhof Friedrichshafen, vier Minuten Fußweg zum Bus 7395 bis Hagnau Mitte, sechs Minuten Fußweg zum Rathaus | Tipp Im Weinkeller der Winzergenossenschaft, Strandbadstraße 7, kann man den Hagnauer Wein kosten. Zur Weinprobe sollte man sich anmelden unter Tel. +49 (0) 7532/1030.

32 Die Hohentwiel

Das letzte und einzige Dampfschiff auf dem Bodensee

Es ist ein Bild wie aus alten Zeiten, wenn der Schaufelraddampfer »Hohentwiel« in einen der Bodensee-Häfen einläuft. Mit seinem lauten Signal und einer kleinen Dampfwolke aus dem Schornstein zieht er alle Blicke auf sich. Prächtig anzusehen ist das fast 57 Meter lange und bis 13 Meter breite alte Dampfschiff – das letzte seiner Art auf dem Bodensee.

1911 hatte die Königlich Württembergische Dampfschifffahrt (KWD) einen Bestand von sechs Schiffen. Im selben Jahr bestellte sie bei Escher Wyss in Zürich ein weiteres, das auf der Werft in Friedrichshafen zusammengebaut wurde und nach dem Vulkankegel im Hegau »Hohentwiel« getauft wurde.

Zwei Männern ist es in erster Linie zu verdanken, dass der letzte Raddampfer auf dem Bodensee nicht verloren ging: dem Schiffsingenieur Reinhard E. Kloser aus Hard in Vorarlberg und dem früheren Landrat von Lindau Klaus Henninger. Sie gründeten einen Verein zur Rettung des Schmuckstücks, die Hohentwiel Schifffahrtsgesellschaft m.b.H. Mitgliedsbeiträge und Spendengelder ließen die Belle-Époque-Dampfschiffromantik wieder in altem Glanz erstehen: die Positionslaternen blank geputzt, die Beiboote aus Mahagoni. Mit dem edlen Holz ist auch der Salon auf dem Vorschiff getäfelt. Der Salon im Heck – ein Ensemble aus hellem Kirschbaumholz und braunem Samt – wurde wieder zum Meisterwerk des Jugendstils. Schon Wilhelm II. von Württemberg tafelte darin.

Im Mittelschiff schaut jeder fasziniert zur 950 PS starken Maschine aus dem Jahr 1913 hinunter, zum Auf und Ab der Pleuelstangen, Hebel, Kurbeln und Ventile. Hinter Bullaugen werden die gewaltigen rot lackierten Schaufelräder sichtbar, die sich in den Radkästen zu beiden Seiten des Maschinenraumes drehen. Oben im Ruderhaus hält Kapitän Adolf Franz Konstatzky das Original-Steuerrad in Händen. Er war von Anfang an – seit Januar 1990 – Teil der Besatzung.

Adresse Hohentwiel Schifffahrtsgesellschaft m.b.H., Hafenstraße 15, A-6971 Hard, office@hohentwiel.com | Pkw A 14 (gebührenpflichtig), Ausfahrt Bregenz auf E 43, E 60, links abbiegen auf Rheinstraße, über Lochbachstraße zur Hafenstraße | ÖPNV Bahn bis Bregenz, S 3 über Lustenau nach Hard-Fußach | Tipp Im Naturschutzgebiet von Hard befinden sich die Schleienlöcher, so genannt nach der Schleie, die darin heimisch ist.

33 Der FKK-Strand

Andere gehen auch ohne Tüchli

Mitten in einer idyllischen Naturlandschaft am österreichischen Bodenseeufer wird Nacktheit als die natürlichste Sache der Welt gelebt. Auf dem rund 40.000 Quadratmeter großen, eingezäunten Gebiet mit Schilf und Wasserarmen haben die Naturisten genügend Platz, um ihre Körper Sonne, Wasser und Wind textilfrei auszusetzen. Keine nasse Badekleidung – die Sonne trocknet sofort – und dazu noch nahtlos braun werden, diese Freiheit genießen die Gäste der Anlage ganz besonders.

Verständlich ist, dass manche sich anfangs genieren. So erging es auch einer Schweizerin bei den ersten beiden Malen. Doch dann sagte sie sich: »Andere gehen auch ohne Tüchli.« Sie schätzt es mittlerweile sehr, dass beim FKK jeder gleich ist und keiner den anderen an Äußerlichkeiten misst: »Was zählt, ist die Sympathie.«

Nackt ist man in Hard nicht nur beim Schwimmen, sondern auch beim Tischtennis, Volleyball oder Boccia. Selbstverständlich auch, wenn man sich vom Masseur Markus durchkneten lässt. Es regt sich allerdings keiner auf, wenn der eine oder andere etwas bekleidet bleibt.

Die Besucher kommen nicht nur aus Vorarlberg, sondern auch aus Deutschland und der Schweiz. Sie schätzen diese Möglichkeit zur Freikörperkultur in dem schönen familienfreundlichen Gelände, das für Kinder sogar einen Spielplatz hat. Wie Bademeister Günther Tschann voll Stolz feststellt, gehen alle pfleglich mit der Natur um. Er hat kein Problem mit liegen gelassenem Müll. Auf Hygiene wird sehr viel Wert gelegt. Was Voyeure betrifft, brauche man sich keine Sorgen machen. Doch ein Sekundenblick ließe sich nicht immer vermeiden, sagt einer der begeisterten Naturisten.

Das Restaurant von Walter Maier ist so eine Art Schnittpunkt zwischen FKK-Anhängern und bekleideten Gästen. Radfahrer und Wanderer können sich im textilen Außenbereich bei gutbürgerlicher Küche stärken. Maier bietet Bedienung mit Bekleidung.

Adresse Im Böschen 43, A-6971 Hard | **Pkw** Ab Bregenz auf Schweizer Straße, rechts abbiegen zum Rheindeltahaus, links halten zu In der Schanz, auf rechter Seite Im Böschen | **ÖPNV** Bahnhof Bregenz, Bus 15 oder 17, Haltestelle Alte Post in Fußach, von dort noch etwa 900 Meter Fußweg | **Öffnungszeiten** täglich April, Mai, Sept. 9–19 Uhr, Juni, Juli, Aug. 8–20 Uhr | **Tipp** Das »Junge Hotel« in Hard ist mehr als eine Jugendherberge und trotz seiner Nähe zum Bodenseeufer preiswert.

34 Die Mittelweiherburg

Vom Wasserschloss zur Textilfabrik

Die ersten Bewohner von Hard siedelten um das Jahr 700 im Quellgebiet des Dorfbaches. In dem weiten Tal ließ sich Hans Christoph Schnabel von Schönstein aus Bregenz um 1570 ein Wasserschloss bauen. Heute ist nur noch ein Viertel dieses einst eindrucksvollen Bauwerks erhalten: Der Rundturm mit Wendeltreppe sowie der Anbau, dessen frühere Nutzung unklar ist. Das Erdgeschoss könnte Stall oder Wagenremise gewesen sein.

Bereits zehn Jahre nach der Fertigstellung übernahm die Bregenzer Familie Deuring die Mittelweiherburg. Ihr Wappen ist über der Tür erhalten. Nach einem regen Besitzerwechsel in den folgenden Jahrzehnten erwarb 1792 schließlich der Fabrikant Samuel Vogel aus dem Elsass die Schlossgebäude und eröffnete in ihnen eine Stoffdruckerei. Ihm folgten der Schweizer Fabrikant Melchior Jenny & Schindler und dann Samuel Schindler aus dem Elsass. Zunächst kamen viele der Handwerker und Facharbeiter von auswärts, doch bald erlernten auch die Einheimischen die neuen Techniken.

Wegen der Verschmutzung des Dorfbaches durch die Färberei kam es im 19. Jahrhundert zu einem Streit »Hell gegen Trüb«, der zur Schließung der Fabriken führte. Es war der erste große ökologische Konflikt in Vorarlberg, für Hard damals der folgenschwere Niedergang seiner Textilindustrie und der Verlust von zahllosen Arbeitsplätzen.

Die Techniken des Stoffdruckens und die Herstellung der dazu verwendeten Model, die von Formstechern in mehreren Arbeitsgängen gefertigt wurden, sind im Erdgeschoss der kleinen Burg in einem Video festgehalten. Viele Stoffmuster zeugen auf den beiden oberen, über eine Wendeltreppe erreichbaren Etagen im Turm von der früheren Kunstfertigkeit. Hier geht es aber auch um die Geschichte der »Tüchlebarone« von Hard, um Löhne, um Kinderarbeit, Arbeitersiedlungen und die Konflikte zwischen den aus dem Trient zugewanderten Arbeitern und den Einheimischen.

Adresse Textildruckmuseum Mittelweiherburg, Salbachstraße, A 6971 Hard | Pkw Rheinstraße Bregenz–St. Margrethen, nach der Hardbrücke links abbiegen auf die Hofsteigstraße, rechts in Langenstegstraße, links in Salbachstraße | ÖPNV Bahn, Bahnhof Bregenz, mit Landbus 16 nach Hard | Öffnungszeiten April–Okt. Mi, Sa 17–19 Uhr, So, Feiertag 10–12 Uhr, Führungen auf Anfrage bei Hard Tourismus, Tel. +43(0)5574/697-22 | Tipp Die Kulturwerkstatt Kammgarn Hard in der Spinnereistraße 10, eine Kleinkunstbühne mit Kultur-Café, bietet ein buntes Programm mit Theater, Konzerten und Kinofilmen.

35 Der Chindlistein

Ein Kraftort am Waldrand

Ob mit dem Auto von Rheineck hoch oder mit dem kleinen nostalgischen Zug von Rorschach aus, die Fahrt nach Heiden beeindruckt durch die sattgrüne Hügellandschaft und die hübschen, mit Blumen geschmückten typischen Schweizer Häuser. Die Luft in der Höhe ist frisch und sauber. Nicht von ungefähr gibt es hier viele Kurhäuser. Heiden hat aber eine weitere Besonderheit, die möglichst nicht so bekannt werden soll: den Chindlistein. Ihm werden magische Kräfte nachgesagt.

Es gibt viele Kraftorte auf der Welt. Bei diesem mächtigen Felsblock wurden 15.000 Boviseinheiten (Maß für Erdstrahlen) gemessen. Glücklicherweise ist er nicht leicht zu finden! Denn es haben schon viel zu viele Menschen ihre Namen in ihn eingeritzt.

Am Waldrand erhebt sich der Block bis zu zehn Meter aus dem Wiesengelände empor. Auf der Waldseite ist er zu besteigen. Die Energien, die er abgibt, haben ihn einst zu einem Ort für Rituale werden lassen. Früher war das Gebiet um ihn noch unbewaldet und bot freien Blick bis zum Bodensee. Vielleicht kamen die Pfahlbaubewohner hierherauf, um Versammlungen abzuhalten. Die Rinnen und Löcher in der glatten Oberfläche des Steins sind eindeutig von Menschenhand.

Vermutet wird auch, dass Frauen sich von der Kraft des Steines eine Steigerung ihrer Fruchtbarkeit versprachen, denn es wird erzählt, dass sie mit entblößtem Hinterteil an ihm hinabrutschten. Manche sahen in ihm nicht nur eine »Rutschbahn«, sondern einen spirituellen Ort der Reinkarnation, der die Seelen der Verstorbenen durch die Geburt eines Kindes wieder zurück auf die Erde bringt.

Es könnte auch sein, dass die Bewohner in Notzeiten hier ihre Kinder versteckten, damit sie nicht Opfer von Kannibalismus wurden. Doch der Stein bewahrt all seine Geheimnisse und übt weiterhin seine Anziehungskraft aus, oberhalb der Kuhweiden zwischen Heiden und Oberegg auf der Gemarkung Rasplen.

Adresse CH-9410 Heiden-Rasplen (Appenzellerland Tourismus, Bahnhofstraße 2: Wanderkarte abholen!) | Pkw A 96, A 14 bis Ausfahrt Dornbirn Süd, dann bei Lustenau auf B 204 über Au, Berneck, Schachen, Oberegg nach Heiden, dort bis Gasthof Riethof an Obereggerstraße, zu Fuß weiter, links abbiegen, zwischen dem grauen und rot geschindelten Haus den Weg bergauf nehmen, oben etwas versteckt am Bauernhaus wieder Hinweisschild, Wiese überqueren bis zum Waldrand, links von einem hübschen, kleinen Wohnhaus ist der Chindlistein | ÖPNV Bregenz Hauptbahnhof mit der S 3 nach St. Margrethen, Bus 22512 nach Heiden oder bis Rorschach und dann mit Heidenbahn | Tipp Vom 40 Meter hohen Kirchturm am Dorfplatz hat man einen herrlichen Blick bis zum Bodensee. Er ist von Mai bis September von 13 bis 15.30 Uhr geöffnet.

36 Die Antoniuskapelle

Licht und Schatten auf der Käpellehalde

Ein schönes Bild: die Antoniuskapelle von Hergensweiler auf der Käpellehalde vor der Kulisse des Pfänderrückens. Von der Dorfmitte der Gemeinde, die zum schwäbischen Landkreis von Lindau gehört, führt ein schmaler Pfad hinauf. Zwei mächtige Linden, deren Kronen eine Einheit bilden, überragen den kleinen Rechteckbau mit dem dreiseitigen Schluss aus dem Jahr 1682 und dem Dachreiter von 1725. Die Kapelle ist versperrt. Der Blick durch das vergitterte Fensterchen der Tür zeigt eine barocke Ausstattung. Zwei Bänke an den Außenwänden laden zur Rast und zum Schauen ein. Über einzelne Höfe, Felder und Wiesen reicht die Sicht weit ins Nachbarland Vorarlberg.

Die mächtigen Bäume wachsen aus dem anschließenden, ummauerten kleinen Friedhof empor, einem ehemaligen Pestfriedhof. In der hinteren Ecke einige Gräber, von denen das äußerste von einem dunklen Kapitel der jüngeren deutschen Vergangenheit erzählt. Hier liegt Hans Vogel unter einem schlichten Grabstein mit den eingravierten Zahlen »1896–1945« und einem Wappenkreuz begraben. Der Volksschullehrer wurde 1933 von einem rein nationalsozialistischen Lindenberger Stadtrat zum ersten Bürgermeister »gewählt«. Außerdem war er NSDAP-Kreisleiter des Kreises Lindau. Sein Büro hatte er in der Inselstadt im »Haus Baumgarten«. Die neue Machtfülle stieg ihm so gehörig zu Kopf, dass er Straße und Jugendheim in Lindenberg seinen Namen gab. Kinder, die bei Sportfesten gesiegt hatten, soll er übergangen haben, wenn ihre Väter nicht der Partei angehörten.

Als Vogel am 1.5.1945 mit zwei Männern im Pkw vor den Alliierten fliehen wollte, wurde er von polnischen Fremdarbeitern aufgehalten, die nach dem Durchmarsch der ersten französischen Verbände bei Hergensweiler eine Straßensperre errichtet hatten. Er soll während der Kontrolle versucht haben, seine Pistole zu ziehen. Daraufhin wurde er erschossen.

Adresse Käpellehalde, D-88138 Hergensweiler | Pkw A 96, Abfahrt Sigmarszell-Weißensberg auf B 12, rechts abbiegen Hergensweiler Ortsmitte, Bahnhofstraße, Auto parken, rechts Fußweg zur Käppelehalde | ÖPNV Lindau Hauptbahnhof, Bus 17 Richtung Hergatz, Haltestelle Hergensweiler | Tipp Das Heimatmuseum, ein ehemaliger Pfarrhof in der Dorfstraße, bietet neben Ausstellungsstücken zum Leben auf dem Land eine große Sammlung zur Volksfrömmigkeit. Das kleine, über 300 Jahre alte Backhaus nebenan diente ursprünglich als Waschküche und heute mit seinem später eingebauten Backofen als Vereinshaus.

37 Das Frauenmuseum

Aushängeschild der starken Wälderfrauen

Das Frauenmuseum in Hittisau im Bregenzerwald ist etwas Besonderes, denn es ist das erste und einzige seiner Art in Österreich und europaweit das einzige im ländlichen Raum. Seine helle, leichte Konstruktion aus Holz und Glas ist typisch für die moderne Wälder-Architektur. Die riesigen Glasfenster, die bis zum Boden reichen, beziehen Bäume und Berge in den lichten Raum mit ein.

Gegründet wurde das Frauenmuseum im Jahr 2000 von Elisabeth Stöckler, die aber inzwischen einem Ruf nach Liechtenstein gefolgt ist. Ihre Nachfolgerin ist die Kunsthistorikerin Stefania Pitscheider Soraperra. Neben der Museumsleiterin sind 21 Frauen, darunter auch Jugendliche, aus Hittisau ehrenamtlich im Museum tätig. Thematisiert werden Frauengeschichte und weibliches Kulturschaffen.

Bregenzerwälder Frauen gelten als stark. Vielleicht ist das so, weil früher viele Männer das arme Tal verließen und ihr Glück fernab der kargen Heimat suchten. Damit lastete ein Großteil der Verantwortung auf den zurückgebliebenen Frauen.

Anders kann es sich auch Herlinde Moosbrugger, Geschäftsführerin der regionalen Tourismusbehörde, nicht erklären: Sie, die selbst zu diesen Powerfrauen zählt, weiß zahlreiche andere Beispiele anzufügen: »Die erste Bürgermeisterin von ganz Vorarlberg gab es hier, und inzwischen sind es schon zwei. Der hiesige Rotary Club war der erste, der ein weibliches Mitglied aufnahm. Und die Geschäftsführer der regionalen Entwicklungs-GmbH und die des Werkraums, eines sonst überwiegend männlich dominierten Handwerks, sind ebenfalls Frauen. Es gibt bei uns im Wald relativ wenig Vorurteile gegen das Können der Frauen.«

Meistens werden zwei Ausstellungen pro Jahr vorbereitet, die eine Thematik oder Geschichte aus weiblicher Sicht in von Frauen geschaffenen Objekten darstellen. Zu jedem Thema finden Führungen, Seminare, Vorträge, Workshops oder Konzerte statt.

Adresse Platz 501, A-6952 Hittisau, www.frauenmuseum.at | Pkw Hittisauer Straße 205, Kirchenbühl, beim Gasthof Ochsen auf die L 5 Heideggen, rechts ab Platz 501 | ÖPNV Bregenz Hauptbahnhof, dann Landbus 25 Richtung Egg, Haltestelle Hittisau Gemeindehaus | Öffnungszeiten Do 15–18 Uhr, Fr, Sa, So 10–12 Uhr und 14–17 Uhr | Tipp Im Alpensennereimuseum Hittisau wird die über drei Jahrhunderte übliche Art der Käseherstellung mit den jeweils zeitgemäßen Gerätschaften gezeigt.

38 Die Fassbinder-Werkstatt

Der letzte hauptberufliche Küfer im Bregenzerwald

Holz spielt im Bregenzerwald eine große Rolle. Nirgendwo sonst findet man alte und ganz moderne Häuser aus dem Naturmaterial so harmonisch nebeneinander. Auch in Hittisau im Vorderen Bregenzerwald steht Altes neben Neuem.

Holz spielt auch für Peter Lässer eine große Rolle. In Vorarlberg nennt man ihn Binder. Anderswo spricht man von Böttcher, Küfer oder Schäffler. Seinen Beruf findet man nicht mehr sehr oft, denn es ist kein leicht zu erlernendes Handwerk mit einer jahrhundertelangen Tradition. Böttcher oder Fassbinder stellen und stellten in erster Linie, wie der Name schon sagt, Bottiche oder Fässer her. Einst bildeten sie eine eigene Zunft. Da man immer mehr auf pflegeleichtere Materialien zurückgreift, ist der Beruf vom Aussterben bedroht.

Lässer ist der einzige Fassbinder im Bregenzerwald. In den 80er Jahren habe es noch acht bis neun Lehrlinge gegeben, erzählt er. Drei Lehrjahre seien erforderlich. Eine Berufsschule für Böttcher besteht nur noch in Pöchlarn, Bezirk Melk in Niederösterreich. Daher überlegt man in Deutschland, ob man die wenigen Auszubildenden ebenfalls dorthin schickt.

Peter Lässer hat bereits im Alter von 21 Jahren die Meisterprüfung abgelegt, weil er unbedingt selbstständig sein wollte, was er dann vier Jahre später auch war. Der Betrieb ist schon in sechster Generation in seiner Familie. Besucher sind in seiner Werkstatt willkommen. Darin stapeln sich die legendären hölzernen Schüsseln für das Traditionsgericht der Wälder, die »Kässpätzle«. Fässer und Fässchen warten auf Kundschaft. Besonders begehrt und ganz groß in Mode sind die hölzernen Badewannen. Bis aus Norddeutschland erreichen Lässer Bestellungen, denn in schöne alte Fachwerkhäuser passen diese Holzwannen besonders gut hinein.

Ist Peter Lässer einmal nicht in seiner Werkstatt zu finden, so arbeitet er auf seinen Feldern als Nebenerwerbslandwirt.

Adresse Küferei Peter Lässer, Rain 376, A-6952 Hittisau, Tel. +43 (0) 5513/29662 | Pkw A 96 Ausfahrt Wangen, B 32 Alpenstraße bis Oberstaufen, Abfahrt Steibis, Aach, auf die Hittisauerstraße, Rain, nach Holzlager das mittlere der drei nächsten Häuser | ÖPNV Bahn bis Bregenz Hauptbahnhof, dann Landbus 25 Richtung Egg, Haltestelle Gemeindehaus Hittisau | Tipp Der Holz-Kultur-Weg führt in die Natur, durch den Wald, über historische Holzbrücken, zu Handwerkern und Holzbauten im und um das Dorf, Führungen unter Tel. +43 (0) 664/5793566.

39 Die Bodenseeballöner

Gina ist die einzige Pilotin der Gruppe

»Weißt du, wie hoch wir gerade fahren?«, fragt Gina. Tief unten liegt die spiegelnde blaue Fläche des Bodensees. Sein Ende ist gut zu erkennen. Vor uns der Bodanrück, die Insel Reichenau, hinter uns Schloss Salem, die Klosterkirche Birnau und Unteruhldingen. Ein unvergesslich schöner Anblick! »Wir sind 1.000 Meter hoch«, sagt die Pilotin, und mit einer Drehung am Brenner strömt fauchend Gas in die bunte Hülle des Heißluftballons. Sie ist 18 Meter hoch und fasst 2.000 Kubikmeter des Luftgasgemischs. Ihr Ballon zählt zu den kleineren. Der ihres Mannes, mit dem sie auch oft fährt – man spricht vom Fahren, denn es ist etwas Statisches, nur Dynamisches fliegt –, ist 28 Meter hoch, fasst 4.000 Kubikmeter und hat gerade eine neue Hülle erhalten.

Gina Steinmann ist eine von wenigen Frauen in Deutschland, die den Fahrschein für Heißluftballons hat. Die Prüfung wird beim zuständigen Regierungspräsidium abgelegt.

Voraussetzung ist Teamtauglichkeit, denn für einen Ballon von 2.000 bis 3.000 Kubikmeter braucht man mindestens zwei Personen: Erst einmal den Piloten und dann einen Rückholer. Ideal sind vier Personen.

Von den Armaturen der Gasflaschen liest Gina den noch verbleibenden Inhalt ab und beschließt die Landung auf der anderen Seite des Überlinger Seearms. Den Untersee auch noch zu überqueren, hält sie für zu gewagt, weil der Wind dort häufig einschläft. Ein Zug an der Reißleine, und der Ballon sinkt tiefer und tiefer. Ganz dicht schwebt er über ein Getreidefeld und setzt auf einem Weg auf. Doch eine Böe lupft ihn wieder in die Höhe, und die Besatzung landet mitten im Schilf. Daher der Ballönergruß »Glück ab, gut Land«, denn die Landung ist das eigentliche Abenteuer.

Heißluftballonfahrten können nur außerhalb thermischer Zeiten stattfinden. Im Sommer bei Sonnenaufgang oder abends bei Thermikende starten und kurz vor Sonnenuntergang landen.

Adresse Kratellen 19, D-78355 Hohenfels-Liggersdorf, Tel.+49 (0) 7557/8474, steinmann@bodensee-balloener.de, www.bodensee-balloener.de; Treffpunkt für alle Fahrten: Hohenfelshalle, D-78355 Hohenfels-Liggersdorf, Hohenfels liegt im Dreieck Stockach, Pfullendorf und Überlingen | Pkw in Überlingen auf die L 195, dann Ausfahrt Herdwangen, nach links abbiegen auf die K 8268, dann auf K 6176 bis Liggersdorf | ÖPNV Überlinger Busbahnhof, mit Bus 7389 nach Stockach, von dort mit Bus 7393 Hohenfelshalle, Haltestelle Liggersdorf | Tipp In Liggersdorf gibt es eine schöne Pfarrkirche mit Rokokoausstattung, einem Turm aus dem 15. Jahrhundert und einem Barockhochaltar.

40 Das Schloss Hersberg

Auszeit und Sinnsuche oberhalb des Bodensees

Weithin sichtbar überragt das weiße Schloss Hersberg mit seinen gotischen Treppengiebeln bei Immenstaad die Weinberge. Was oft für ein stattliches Winzergutshaus gehalten wird, entpuppt sich beim Näherkommen von Kippenhausen aus als eine weit größere Anlage, als unten von der Straße aus zu erahnen ist.

Seit 1929 gehört das Haus den Pallottinern, die hier einen Ort der Begegnung geschaffen haben. Im Sinne des Ordensgründers, des heiligen Vinzens Pallotti, bieten die Patres Raum für Seminare, Tagungen, Gespräche und auch Erholung. Das Haus verfügt über komfortabel ausgestattete Zimmer, Speisesäle, Cafeteria, Winzerstube, Schlosskeller, Pavillon und Kegelbahn. Das Ganze mit einem Traumblick auf Weinberge, Apfelplantagen, den See und die Schweizer Alpen.

Die Geschichte des Schlosses Hersberg reicht bis ins Jahr 1276 zurück. Da taucht erstmals der Name des Geschlechts der von Hersberg auf. Erst 1621 verkauft die Witwe des Ferdinand von Hersberg für 31.000 Gulden das Anwesen an das Kloster Ochsenhausen.

Zwischen 1658 und 1780 erfolgte eine Modernisierung des Schlosses im Stil der Zeit. Auf dem Frontalbau wurde ein Belvederetürmchen errichtet, der Ostflügel verlängert, die Schlosskirche barockisiert. Nach häufigem Besitzerwechsel erwarben es die Pallottiner aus dem Besitz des Fürsten von Salm-Reifferscheid. Die Patres führten hier eine Schule samt Internat, die allerdings 1940 geschlossen wurde: Das Nazi-Regime beanspruchte das Pallottinerkloster als Quartier für französische Kriegsgefangene und später für Umsiedler. Kurz vor Kriegsende, am 25. April 1945, rettete Pater Leo Kruck (1907–1977) im Schloss inhaftierte hohe Wehrmachtsoffiziere, die im Zusammenhang mit dem Attentat auf Hitler standen und von der Festung Küstrin nach Hersberg verlegt worden waren, vor der Liquidierung durch ein SS-Kommando. Er hatte sie in der Schlosskapelle versteckt.

Adresse Schloß Hersberg 1, D-88090 Immenstaad-Kippenhausen, Tel. +49 (0) 07545/935-0, stjosefhersberg@t-online.de, www.hersberg.de | **Pkw** B 31, bei Immenstaad abbiegen Richtung Kippenhausen, den Schildern Hersberg folgen | **ÖPNV** Bus (Seelinie) Richtung Meersburg, Überlingen, Radolfzell, Haltestelle Hersberg (außerhalb Immenstaad) | **Tipp** Der Apfel- und Weinspazierweg rund um Immenstaad, Ortsteil Kippenhausen, informiert an 21 Stationen über interessante Themen um Apfel- und Weinanbau.

41 Die Lädine

Früher Lastensegler, heute Touristenschiff

»Sie müssen ins Wasser gucken, damit Sie sehen, dass das Schiff Fahrt macht«, sagt Kapitän Markus Weber und fährt fort: »Dadurch, dass das Schiff so breit ist und auch ganz leise fährt, hat man den Eindruck, dass es nicht vorwärtsgeht.« Die Lädine St. Jodok ist kein Original, sondern ein vom Heimatverein Immenstaad nachgebautes Frachtschiff. Seit es am 9. Mai 1999 zu Wasser gelassen wurde, haben auf ihm schon etliche Vereinsmitglieder das Kapitänspatent gemacht.

Dieser Schiffstyp beförderte 500 Jahre lang Frachten über den See: Bauholz aus Vorarlberg, Getreide aus Oberschwaben, Steine aus der Schweiz, Salz aus dem Süden. Ganz aus hellem Holz gebaut, 17 Meter lang und fünf Meter breit und mit 80 Zentimetern Tiefgang hat die Lädine heute Platz für 45 Personen. Die alten Frachtschiffe waren bis zu 30 Meter lang und sechs bis neun Meter breit; durch den geringen Tiefgang konnten sie bei Windstille mit langen Stangen gestakt, gerudert oder getreidelt werden.

Im Zeitalter der Fuhrleute mit Ochsenkarren und Lastpferden war der Transport mit dem Schiff schneller, billiger und zuverlässiger. Doch mit dem Bau der Eisenbahn verschwanden sie plötzlich vom See. Die letzte Lädine wurde 1952 zu Brennholz verarbeitet.

Heute bringt ein starker Motor die Fahrgäste rasch vom Landungssteg aufs offene Wasser. Der Kapitän verpasst kleineren Kindern eigenhändig Schwimmwesten. Begeistert ziehen sie gemeinsam mit ihm das große Segel, ein Rahsegel, hoch und lernen, die Enden der Taue in ordentliche Kreise zu legen. Wer schon ein wenig Segelerfahrung hat, darf kurze Zeit das riesige Ruder übernehmen. Zum Anlegen wird das Rahsegel wieder heruntergeholt. Wenn wenig Wind weht, hilft leider auch nicht die »Windmaschine«, die der Kapitän spaßeshalber hochhält. Beim Fahren mit Motor dürfen auch die Kleineren einmal das Steuerrad halten, wobei sie ganz ernst bei der Sache sind.

Adresse Lädinen-Verein Bodensee e.V., Bachstraße 17, D-88090 Immenstaad, Tel. +49 (0) 151 / 15130880, info@laedine.de, www.laedine.de | **Pkw** B 31, L 207, vom Osten Friedrichshafenerstraße, Hauptstraße, Bachstraße; vom Westen: Meersburgerstraße, Hauptstraße, Bachstraße; Parkplätze an der Tourist-Information, Dr.-Zimmermann-Straße (gebührenpflichtig), an der Linzgauhalle (ohne Gebühren) | **ÖPNV** Bahnhof Friedrichshafen, dann Buslinie 7395, Haltestelle Hafen | **Tipp** Am Klötzener Forst von Immenstaad gibt es einen Hochseilgarten mit neun interessanten Parcours. Im Winter ist er geschlossen.

42 Die Wasserwelt

Eine Spiellandschaft für große und kleine Kinder

Wer zum Bodensee kommt, wird sicher die weltweit bekannte Insel Mainau besuchen. Sie bietet eine ganze Reihe Attraktionen. Dazu gehört zuerst einmal das Deutschordensschloss der gräflichen Familie Bernadotte. Tropisches Flair erwartet den Besucher im Palmenhaus. Die Parkanlagen und ihre üppigen Blumengärten – je nach Jahreszeit mit Tulpen, Rosen oder Dahlien – sind eine Augenweide. Das Arboretum in der Mitte der Insel überrascht mit mächtigen Bäumen, die zum Teil über 150 Jahre alt sind. Im Schmetterlingshaus kann man die bunten exotischen Falter aus nächster Nähe beobachten.

Den Kindern aber gefällt in erster Linie die Wasserwelt. Um einen See, in dessen Mitte sich eine Insel befindet, ist eine Pfahlbausiedlung gruppiert. Kleine Häuser sind auf unterschiedliche Weise miteinander verbunden. Hier hangeln sich die Kinder ohne Bodenberührung von einem Haus zum nächsten. Seile und Kletterstege helfen ihnen dabei.

Ganz besonders attraktiv sind die Seilfähre und die Flöße. Mit ihnen versuchen die Kinder von einer Seite des Sees zur anderen zu kommen. Da tun sie sich auch schnell mal spontan zu Teams zusammen, um die Überfahrt zu bewerkstelligen. Außerdem lässt sich mit den Flößen wunderschön Pirat spielen. Da wird einfach vom nächstbesten mühsam Stakenden das Floß gekapert. Je nach Temperament wird darum gekämpft oder das Objekt der Begierde kampflos abgetreten.

Am Spielhügel experimentieren die Kleinen, indem sie mit einer Archimedischen Schraube Wasser aus dem See herausholen und über verschiedene Rinnen herunterlaufen lassen. In großzügigen Matschbereichen wird gebaut und gebacken. Bekommt die Kleidung einmal zu viel Wasser ab, steht beim Eisstand ein Trockner bereit.

Den Barfußpfad auf dem nächsten Hügel mit seinem Boden aus Mammutbaum-Zapfen, Holzhäckseln und Kieselsteinen können Eltern und Kinder gemeinsam erkunden.

Adresse D-78465 Insel Mainau, Tel. +49 (0) 7531 / 303-0, info@mainau.de | Pkw N 3, N 1, N 7 nach Konstanz oder A 81, A 98, B 31 über Singen nach Konstanz, B 31 Meersburg-Fähre nach Konstanz, dann über B 33 Staad, Litzelstetten zur Mainau | ÖPNV Konstanz Bahnhof mit IRE, RE, RB, S-Bahn, dann Buslinie 4, Haltestelle Mainau | Schiff von allen Häfen während Saison zum Mainau-Hafen | Öffnungszeiten ganzjährig von Sonnenaufgang bis Sonnenuntergang, Hauptsaison Mitte März – Okt. | Tipp Im Schloss auf der Mainau hat die jüngste der Bernadotte-Töchter einen originellen Hutladen mit ihren eigenen Entwürfen aufgemacht.

43 Der Bruckgraben

Wo Boote den Inseldamm durchqueren

Die Klosterinsel Reichenau, im Jahr 2000 von der UNESCO in die Welterbeliste aufgenommen, liegt im westlichen Teil des Bodensees, im sogenannten Untersee zwischen Konstanz und Radolfzell. Flächenmäßig ist sie mit 4,3 Quadratkilometern die größte Insel im Bodensee und sogar sechsmal so groß wie die an zweiter Stelle stehende Insel Lindau. Ungefähr 5.200 Menschen leben hier. Die Reichenau kann man ohne Boot zu Fuß oder mit dem Auto erreichen. Und zwar über den Reichenauer Damm, auf einer 1.800 Meter langen Pappelallee. Diese Allee ist übrigens der Beginn der bis Rügen führenden Deutschen Alleenstraße. Der Damm wurde 1883 auf Initiative von Napoleon III. erbaut, der in seiner Jugend auf dem gegenüberliegenden Schloss Arenenberg lebte.

Der Damm wird von dem zehn Meter breiten und 95 Meter langen Bruckgraben unterbrochen. Die niedrige Reichenauer Brücke der Straße L 221 Konstanz–Reichenau schließt diese Lücke, durch die Fischerboote und auch kleine Freizeitschiffe vom Gnadensee ins Ermatinger Becken, in den Untersee, gelangen. Für Segelboote ist die Brücke jedoch zu niedrig, obwohl aus dem Bruckgraben von Zeit zu Zeit unter erheblichen Kosten Seeschlamm herausgebaggert wird. Vom Gnadensee kommend, lässt man nach der Durchfahrt linker Hand das Wollmatinger Ried zurück, ein Natur- und Landschaftsschutzgebiet, das größte am deutschen Ufer des Bodensees und Heimat von mehreren 100 Vogelarten und teilweise seltenen Pflanzen. Das Ried ist für die Öffentlichkeit weitgehend gesperrt, kann aber im Rahmen von naturkundlichen Führungen erkundet werden.

Kurz vor dem Bruckgraben und der Reichenauer Brücke steht eine Statue des Wanderbischofs Pirmin, der 724 n. Chr. ein Kloster auf der Insel gründete, das durch Schreibkunst und Buchmalerei weitreichende Ausstrahlung bis ins 11. Jahrhundert hinein hatte. Drei sehenswerte Kirchen in Ober-, Mittel- und Unterzell sind übrig geblieben.

Adresse Tourist-Information, Pirminstraße 145, D-78479 Reichenau, Tel. +49 (0) 7534/9207-0, Telefax +49 (0) 7534/9207-77, info@reichenau-tourismus.de | **Pkw** A 81 oder A 98, B 33, Insel Reichenau, oder A 96, B 31, Meersburg Autofähre Konstanz, B 33, Insel Reichenau | **ÖPNV** Konstanz Bahnhof, Buslinie 7372, Haltestelle Bruckgraben | **Schiff** im Sommerhalbjahr mit Ausflugsschiffen der Weißen Flotte, Personenfähre von Allensbach, mit Schiffen der Schweizerischen Schifffahrtsgesellschaft Untersee und Rhein, BSB Bodensee-Schiffsbetriebe GmbH fahrplanmäßig zur Insel | **Tipp** Beim Münster in Mittelzell auf der Insel Reichenau befindet sich der nach historischen Plänen angelegte Kräutergarten des früheren Klosters.

44 Die Hochwart

Keramik, Kaffee und Kunst

Vom höchsten Punkt der Insel Reichenau (438 Meter), der Hochwart, ragt ein braunes, turmbewehrtes Häuschen auf. Es handelt sich dabei um ein zweigeschossiges Teehaus aus Holz, das sich Johann Willibald von Seyfried 1833 hier erbauen ließ. Es kam 1868 in den Besitz der Gemeinde, wurde unterschiedlich genutzt, stand oft leer und war erst nach Einbau von Heizung und Bad zum Wohnen und Arbeiten brauchbar.

Die weitere Bezeichnung Belvedere ist zutreffend: Von hier oben bietet sich inmitten der nach allen Seiten zum Bodensee abfallenden Weinberge ein phantastischer Rundblick über die Reichenau. Die ganze Insel liegt einem zu Füßen mit ihren Kirchen, den Gemüsefeldern, die sich bis zum See hinziehen, und den vielen Gewächshäusern. Rund um die Hochwart wird seit dem 9. Jahrhundert der Reichenauer Inselwein angebaut. Bei klarem Wetter sieht man über das Schweizer Ufer hinweg auf die Alpen, im Osten Konstanz und die Riedlandschaft des Naturschutzgebietes Wollmatingen. Im Westen geht der Blick zur Halbinsel Höri und zu den Hegaubergen mit ihren zahlreichen Gipfelruinen.

Vor dem Holzhaus stehen Tische und Stühle, denn die Keramikmeisterin Juliane Epp, die hier oben ihre Werkstatt betreibt, lässt auch Kaffee und Kuchen servieren. Nach ihrer Ausbildung in der Keramikfachschule Landshut zog sie 1985 auf die Hochwart und wohnte 13 Jahre in dem Häuschen, das aber später, mit Mann und vier Kindern, auf Dauer etwas eng wurde. Inzwischen nutzt sie die oberen Räume für Ausstellungen. »Ich fühle mich als Galeristin. Ich entscheide, wen ich ausstelle«, sagt sie selbstbewusst. Die Auswahl bezeugt ihren guten Geschmack. Neben den eigenen Fayencen locken elegante Taschen und auch praktische für einen Segel- oder Strandurlaub, Schmuck, ausgefallene Hüte und Gebrauchsartikel aus der Silberschmiede ihres Mannes Stefan Epp. Zu Weihnachten gibt es immer eine Sonderausstellung.

Adresse Hochwart 1, D-78479 Reichenau, www.werkgaleriehochwart.de | **Pkw** A 81 oder A 98, B 33, Insel Reichenau, oder A 96, B 31, Meersburg, Autofähre Konstanz, B 33, Reichenauerstraße, links in die Pirminstraße, L 221, links in die Hochwartstraße | **ÖPNV** Seehas, Bahnhof Reichenau-Waldsiedlung, Bus 7372, Haltestelle Mittelzell Hasenhof, 15 Minuten Fußweg | **Öffnungszeiten** Di, Mi, Fr, Sa 14–18 Uhr, im Winter ist auch Kaffeebetrieb | **Tipp** Der Inselcampingplatz bietet in seinem Restaurant direkt am Südufer fangfrischen Fisch sowie Salate und Gemüse von der Reichenau.

45 Die Markusprozession

Die Inselbewohner haben drei Feiertage mehr

Jedes Frühjahr wird am 25. April auf der Klosterinsel Reichenau, die im Jahr 2000 in ihrer Gesamtheit in die Liste des UNESCO-Welterbes aufgenommen wurde, eine Prozession zu Ehren des Inselpatrons Markus abgehalten. Dieses Markusfest gehört neben dem Heilig-Blut-Fest am Montag nach dem Dreifaltigkeitssonntag und dem Fest Maria Himmelfahrt zu den zusätzlichen Feiertagen der Inselbewohner. Ist es ein Werktag, dann ruht die Arbeit. Geschäfte und Behörden sind geschlossen.

Die Markus-Reliquien sollen im Jahr 830 durch den Bischof Ratold von Verona, den Gründer von Radolfzell, in das damals bedeutende Benediktinerkloster Reichenau gelangt sein. Unter Abt Witigowo begann die öffentliche Verehrung des Evangelisten. Unter Abt Berno (1008–1048) wurde das Westwerk des Münsters errichtet und am Vorabend des Markusfestes, am 24. April 1048, in Anwesenheit von Kaiser Heinrich III. dem heiligen Markus geweiht.

Die Festlichkeiten am Markustag beginnen morgens mit einer Parade der Bürgerwehr auf dem Münsterplatz. Die Bürgerwehr blickt auf eine 900 Jahre alte Tradition zurück. Die Männer tragen einen rot-weißen Waffenrock, weiße Hosen und einen schwarzen Tschako mit dem Reichenauer Wappen. Ein Säbel und ein Vorderladergewehr mit Bajonett ergänzen die Ausrüstung. Zur kleidsamen Tracht der Frauen und Mädchen gehören große schwarze Radhauben, wie es sie auch in Vorarlberg, Liechtenstein und der Schweiz zu sehen gibt. In den Nachbarorten gehören zur Bodenseetracht Goldhauben.

Die Gläubigen, die Trachtengruppen und die Bürgerwehr formieren sich zu einer Prozession, bei der kostbare Reliquienschreine aus der Schatzkammer des Münsters mitgetragen werden. Der goldene Schrein des Evangelisten Markus wird durch einen »Himmel« geschützt. Die Geistlichkeit der Insel und der Bischof von St. Gallen schreiten ihm voraus. Außerdem gibt es einen Spielmannszug.

Adresse Münster, Mittelzeller Straße, D-78479 Reichenau | Pkw A 81 oder A 98, B 33, Insel Reichenau, oder A 96, B 31, Meersburg, Autofähre Konstanz, B 33, Insel Reichenau, L 221 Pappeldamm, Pirminstraße, Mittelzeller Straße | ÖPNV Von Konstanz mit dem »Seehas« (Zug der SBB zwischen Konstanz und Engen) zur Reichenau, Bus 7372, Haltestelle Mittelzell | Tipp Die Gärtnereien verkaufen auch an Sonntagen das Gemüse ihrer Insel.

46 Das Schlittschuhlaufen auf dem Gnadensee

Für eine kleine Seegfrörne reicht es fast jeden Winter

Ganz friert der Bodensee selten zu. Die letzte »Seegfrörne«, wie man im Alemannischen sagt, war 1963. Damals konnte man den ganzen See zu Fuß überqueren, manche wagten es sogar mit dem Auto. In Lindau landeten mehrmals Sportflugzeuge auf dem Eis.

Während weite Teile des Obersees meist eisfrei bleiben, friert der flachere Untersee schneller zu. Das genießen die Bewohner der Insel: Vom Großvater bis zum Kleinkind sind alle auf dem Gnadensee, einem Teil des Untersees zwischen Reichenau und Allensbach, mit Schlittschuhen unterwegs. An manchen Tagen tummeln sich bis zu 30.000 Schlittschuhläufer und Wanderer auf der spiegelglatten Fläche. Manche spielen sogar Eishockey. Schleifstationen sorgen mit dem richtigen Schliff für die Geschwindigkeit der Schlittschuhe. Hat es Wind, so lassen sich ganz Mutige von einem Kite (Drachen) ziehen, wie im Sommer die Kitesurfer. Auch die Eissegler starten und veranstalten richtige Regatten. Für den Fall, dass es doch mal zu einem Einbruch oder gefährlichen Sturz kommt, gleiten Mitglieder der Wasserwacht auf Schlittschuhen über den See und ziehen einen Rettungsschlitten hinter sich her. Geraten wird ohnehin, einen Helm zu tragen.

Wer es etwas gemütlicher mag, lässt sich an den schnell aufgestellten Imbissbuden bei Glühwein und Bratwurst nieder. Spaziert man in sicherer Ufernähe, entdeckt man interessante kristalline Zeichnungen im Eis, die bizarren Formen des Schilfes und die Fischerboote in Winterruhe. Manchmal gilt es auch, festgefrorene Seevögel zu retten.

Wenn »Väterchen Frost« Pause macht, warnt die Wasserschutzpolizei, sperrt aber nicht ab. Sie rät, sich mehr in Ufernähe aufzuhalten. Die Wintersportler sehen auch selbst, wenn Wasserlachen und durchbrochene Schollen vom Tauwetter künden.

Adresse Ober-, Mittel- oder Unterzell, D-78479 Reichenau | Pkw A 81 oder A 98, B 33, Insel Reichenau, oder A 96, B 31, Meersburg, Autofähre Konstanz, B 33, Insel Reichenau | ÖPNV Konstanz, Bahnhof mit dem Seehas zur Reichenau-Waldsiedlung, von dort 300 Meter bis zum Gnadensee | Tipp In der St.-Georgs-Kirche in Oberzell lassen sich wertvolle Wandmalereien vom Ende des 10. Jahrhunderts bestaunen.

47 Der Wein im Klosterkeller

Innovative Ideen auf historischem Boden

Die Insel Reichenau gehört zum südlichsten Weinanbaugebiet Deutschlands. Der Weinbau begann bereits zur Zeit des ehemaligen bedeutenden Benediktinerklosters: Schon im Jahr 818 ließ Abt Hatto I. die ersten Reben anpflanzen. Im Mittelalter waren Kirche und Klöster die hauptsächlichen Träger der Weinkultur. Jeder Mönch auf der Reichenau durfte einen Viertelliter Wein pro Tag trinken und an religiösen Feiertagen so viel, wie er wollte. Damals gab es 150 Feiertage auf der Insel.

Nach Auflösung des Klosters lebten jahrhundertelang ganze Familien vom Weinanbau. Im Jahr 1896 gründete Pfarrer Meinrad Meier zusammen mit 62 Rebleuten den Winzerverein Reichenau. Schon 17 Jahre später gab es 194 Mitglieder, die 140 Hektar Reben bewirtschafteten. Als 1929 die meisten Reben erfroren, breitete sich der Gemüseanbau immer weiter aus. Den Anstoß dafür, den Weinanbau wiederaufleben zu lassen, gab die in den 1970er Jahren durchgeführte Flurbereinigung. Heute wird auf 20 Hektar Wein angebaut. Der Winzerverein Reichenau ist damit die kleinste selbstständige Winzergenossenschaft in Baden.

Kellermeister Thomas Sättele sagt: »Unsere Weine werden heute noch im alten Klosterkeller, jedoch nach neuesten Erkenntnissen, gekeltert. Dabei verwenden wir nur unsere von Hand gelesenen Trauben. Weißweine werden modern, frisch und fruchtig ausgebaut. Die Rotweine klassisch, teils mit anschließender Holzfasslagerung für eine harmonische Reife.« Besonders stolz ist er auf die pilzwiderständigen Rebstöcke, die auf nur einem Hektar im Ortsteil Oberzell wachsen. Angestrebt wird eine Erweiterung um zusätzliche vier Hektar.

Der Reichenauer Muscaris Spätlese 2011 aus den pilzwiderstandsfähigen Rebsorten wurde vom Staatlichen Weinbauinstitut in Freiburg beim Wettbewerb »Best of Freiburger PiWis 2012« unter 134 international eingereichten biologischen Weinen preisgekrönt.

Adresse Winzerverein Reichenau eG, Münsterplatz 4, D-78479 Insel Reichenau, Tel. +49 (0) 7534/293, www.winzerverein-reichenau.de | **Pkw** A 81 oder A 98, B 33, Insel Reichenau, oder A 96, B 31, Meersburg, Autofähre Konstanz, B 33, Reichenauerstraße, links in die Pirminstraße, L 221, rechts auf Münsterplatz | **ÖPNV** Seehas, Bahnhof Reichenau-Waldsiedlung, Bus 7372 bis Mittelzell, Münsterplatz | **Öffnungszeiten** April–Sept. Mo, Di, Do, Fr 9–12.30 und 14–18 Uhr, Mi, Sa 9–12.30 Uhr, Okt.–März Mo, Di, Do, Fr 9–12.30 und 14–17 Uhr, Mi, Sa 9–12.30 Uhr | **Tipp** Das Münster St. Maria und Markus verwahrt in seiner Schatzkammer kostbare Reliquienschreine und das letzte ihr verbliebene Zeugnis der Buchmacherkunst, ein Evangelistar aus dem 9. Jahrhundert.

48 Die Lourdesgrotte

Wo der Angriff eines wilden Ebers glimpflich verlief

Auf dem Seerücken im Thurgau führt eine kleine Straße hinauf zur Wallfahrtskirche Klingenzell. Von hier oben bietet sich ein prächtiger Blick auf den Untersee, dessen Wasser bei Stein in den Rhein fließt.

In der kleinen Kapelle aus dem Jahr 1705 befindet sich ein schlichtes gotisches Schnitzwerk aus dem frühen 14. Jahrhundert. Es stellt Maria dar, die ihren toten Sohn auf dem Schoß hält. Zu ihr wallfahrten schon sehr früh die Pilger und beteten nicht nur um ihr Seelenheil, sondern baten auch um Hilfe für irdische Belange.

Das Auto lässt man am besten nach einer kleinen Stärkung beim Klingenzeller Hof stehen und wandert dann nach Genießen der Aussicht den Weg bergab. Kreuzwegstationen begleiten den Besucher zur Klingenzeller Lourdesgrotte. Dort kniet Bernadette, die mehrere Marienerscheinungen in Lourdes erlebt haben soll, vor einem Bildnis der Muttergottes. Eine Kerze erleuchtet die Darstellung. Blumen schmücken die Szene.

Wie der Teich davor erkennen lässt, ist der Ort sehr feucht. Daher brach auch die erste Wallfahrtskirche ein, die Freiherr Walter von Klingen hier erbauen ließ. Aus den Steinen der Kapelle wurde die jetzige künstliche Grotte errichtet.

Die Legende erzählt, dass Walter auf der Jagd im Gehölz oberhalb von Mammern von einem wilden Eber angegriffen wurde. Ein Fehlschuss hatte das Tier gereizt. In höchster Not rief er: »Maria hilf!«, und gelobte, als Dank für die Errettung der Gottesmutter eine Kapelle zu erbauen. Die existierte von 1320 bis 1704 und war als Schenkung dem Kloster St. Georgen in Stein am Rhein übergeben worden, das der Kapelle zwei Patres zum Lesen der Messe zur Verfügung stellte. In einem schriftlich überlieferten Ablassprivileg von 1333, ausgestellt in Avignon, dem damaligen Sitz des Papstes, wurden allen Pilgern, die zur Wallfahrtskapelle Klingenzell kamen, 40 Tage Fegefeuer erlassen.

Adresse Klingenzell, Mammern CH-8264 Eschenz | Pkw A 13 oder A 7, Uferstraße 13, bei Eschenz abzweigen auf kleine Straße nach Klingenzell, 601 Meter hoch | ÖPNV Kreuzlingen, mit der S 3 Richtung Schaffhausen nach Eschenz, von dort zu Fuß nach Klingenzell | Tipp Ganz in der Nähe von Eschenz liegt Stein am Rhein mit seinen schönen, mit Fresken geschmückten Häusern.

49 Die Meersburg ex Konstanz

Mit einem Euro vor der Verschrottung gerettet

Am 30. September 1928 war die erste Autofähre auf dem Bodensee unter großem Jubel in Dienst gestellt worden. Das zuerst auf den Namen »Konstanz« getaufte Schiff diente als schwimmende Brücke zwischen den Bodenseestädten Konstanz und Meersburg. Es war nur 32 Meter lang und neun Meter breit. Und doch beförderte es gleich am ersten Tag 548 Passagiere und 57 Autos über den See. Als zwei Jahre später eine weitere Fähre dazukam, wurde ihr Name in »Meersburg« umgeändert.

Nach 35 Jahren Dienst wurde diese erste Autofähre ausgemustert und diente nur noch als Lastkahn, Bagger- und Rammschiff. So kam sie immer weiter herunter. Eines der Führerhäuschen und die Aufbauten für die Fahrgäste waren abgerissen. Weil das Schiff auch noch ständig Öl verlor, sollte es Anfang der 90er Jahre verschrottet werden.

Zu der Zeit lag die ehemalige Fähre im Überlinger Hafen am Ostbahnhof. Gernot Widmer, der den Liegeplatz für sein Segelboot daneben hatte und sich deshalb auch ein wenig um den schrottreifen Kahn kümmern sollte, kaufte ihn für eine Mark und gründete 1993 den Verein »Rettet die Meersburg ex Konstanz«. Es gelang, das Schiff unter Denkmalschutz stellen zu lassen. Nach alten Plänen wurde mit vielen Tausenden freiwilliger Arbeitsstunden und den Spenden von Sponsoren im Verlauf von 14 Jahren die alte Autofähre wieder flottgemacht. Auch die Bodenseeschifffahrtsbetriebe beteiligten sich. Schließlich war es so weit: Am 16. Juli 2011 fand die zweite Jungfernfahrt statt.

Jetzt liegt die alte Meersburg ex Konstanz als Eventschiff im Hafen von Konstanz direkt neben der Imperia, der von Peter Lenk gestaltete, riesigen Kurtisane, die auf ihren Händen Papst und Kaiser trägt. Die erste Autofähre wird weiterhin auf dem Bodensee tuckern – für Betriebsausflüge, Familienferien oder als Ausflugsschiff für Radtouristen. Auch für Kleinkunst würde sie sich eignen.

Adresse Stadtwerke Konstanz GmbH, Geschäftsbereich Fährebetrieb, Schiffstraße 41, D-78464 Konstanz-Allmannsdorf, Tel. +49 (0) 7531/8030, info@stadtwerke.konstanz.de | Pkw auf B 13 oder B 33 nach Konstanz, auf B 33 von Meersburg mit Autofähre nach Konstanz, Mainaustraße, Konzilstraße, Bahnhofsplatz, nach links zum Hafen | ÖPNV Bahnhof Konstanz, nur wenige Meter zu Fuß zum Hafen | Tipp Das Sea Life Konstanz hat über 30 Süß- und Meerwasserbecken mit naturgetreu nachgebauten Lebensräumen. Neben einheimischen und exotischen Fischen gibt es neuerdings auch Pinguine. Geöffnet ist täglich ab zehn Uhr.

50 Das Inselhotel

Wo Graf Zeppelin in der Sakristei geboren wurde

Auf einer kleinen Insel vor der Altstadt von Konstanz steht ein ehemaliges Dominikanerkloster aus dem 13. Jahrhundert, heute das bekannte Steigenberger Inselhotel. Eine Brücke führt über den Stadtgraben zum Eingang. In der Empfangshalle wird auch der Gast freundlich begrüßt, der nur mal einen Blick in den Kreuzgang werfen möchte. Der ist mit seinen spitzbogigen Arkaden und seinen jeweils zwei gebündelten Säulchen mit ihren fein gekehlten Kapitellen ein Meisterwerk früher Gotik. Einst schritten Mönche, ins Gebet vertieft, auf den kühlen Steinböden.

Jetzt genießen Hotelgäste auf weichen rot gemusterten Teppichbahnen die Harmonie der klösterlichen Wandelgänge mit ihren mittelalterlichen Fresken um die Geschichte von Stadt und Land. Die einstige Dominikanerkirche, eine dreischiffige spätromanische Säulenbasilika, wurde zum Festsaal. In der Sakristei befindet sich die Zeppelinbar.

Wo heute genüsslich Champagner geschlürft und edle Zigarren geraucht werden, ist 1838 Graf Ferdinand von Zeppelin geboren. Seine Familie hatte nach der Säkularisation das Anwesen zuerst als Kattunfabrik und dann als Hotel genutzt. 1907 übernahm es der Schweizer Hotelier Matthys Brunner und führte es mit großer Kompetenz weiter. Kaiser Friedrich III. lobte es als sein »liebstes Hotel«. Nach dem Zweiten Weltkrieg, während dem es ständig geöffnet war – Konstanz wurde wegen seiner Nähe zur Schweiz nicht bombardiert –, diente es der französischen Besatzungsmacht als Verwaltungssitz. 1964 übernahm die Steigenberger Hotelgesellschaft die Leitung.

Auf der Seeseite wird sichtbar, dass seine Lage ein wahrer Logenplatz ist. Der Obersee breitet sich in seiner ganzen Größe vor dem Hotel aus. Zur Nordseite der Insel ist die alte Brücke über den Rhein zu sehen, der hier den Obersee verlässt und im Untersee weiterfließt, bis er sich wieder selbstständig macht.

Adresse Steigenberger Inselhotel, Auf der Insel 1, D-78462 Konstanz-Altstadt, konstanz@steigenberger.de, www.konstanz.steigenberger.de | Pkw B 33 über Alte Rheinbrücke, dann Rheinsteig, Untere und Obere Laube, Bodanstraße, am Bahnhof links in die Konzilstraße bis Hotel | ÖPNV bis Bahnhof Konstanz mit Interegio, 500 Meter Fußweg | Schiff während der Saison bis Hafen Konstanz in Hotelnähe | Tipp Das Hushaus in der Hussenstraße 64 wurde zum Gedenken an den Reformator Jan Hus eingerichtet. Bis zu seiner Verbrennung wurde er unten im Turm des Dominikanerklosters (Inselhotels) gefangen gehalten.

51 Wanderung zur Marienschlucht

Immer am Wasser entlang bis zur größten Schlucht am See

Wallhausen ist ein beliebter Ferienort am Überlinger Seearm, in der Nähe von Konstanz. Oberhalb des kleinen Dorfes versteckt sich ein Parkplatz am Waldrand. Dort beginnt ein Wanderweg Richtung Bodman, der nach vier Kilometern die Marienschlucht erreicht. Schon von Weitem ragt ein treppengiebliges Gebäude aus den Bäumen hervor. Der Burghof wurde 1661 neben der alten Burg des Minnesängers Heinrich von Tettingen erbaut. Doch noch ist es zu früh für eine Einkehr! Steil führt ein Weg hinab in Richtung See, der verheißungsvoll durch hohe Eschen, Ulmen und Buchen blinkt. An seinem Ufer geht es leicht bergauf und bergab weiter. Nur das leise Plätschern der Wellen ist zu hören. Ab und zu blockieren stattliche Baumstämme den Weg und reichen bis ins seichte Wasser. Stürme und Erdrutsche haben sie gefällt.

Das Seezeichen 22 wird sichtbar. Es steht auf dem Teufelstisch, einem nur bei Niedrigwasser sichtbaren Felsturm, der 90 Meter in die Tiefe reicht. Die gefährlichen Strömungen haben hier schon manchen Taucher das Leben gekostet.

Schmale Holzbrücken helfen, Quellen und Rinnsale zu überqueren. Der Hang zur Seite wird immer steiler und kündet die Molassesteilwände der Marienschlucht an. Ein kleiner Schiffsanlegesteg lädt dort zur Rast ein. Die rund 100 Meter tiefe Marienschlucht hat ein Bach gegraben. Zwischen ihren 30 Meter hohen Felswänden führt ein Treppenweg hinauf. Erschlossen wurde das Gebiet, das dem Freiherrn Johann Franz Freiherr von Bodman gehört, als sich sein Sohn Othmar mit Maria Gräfin von Waldersdorff verlobte. Der jungen Frau zu Ehren der Name Maria-Schlucht, aus dem dann Marienschlucht wurde.

Sind die Stufen der Marienschlucht erklommen, wartet die Burgruine Kargegg mit ihrer traurig-romantischen Liebesgeschichte.

Adresse Burghof Wallhausen, Burghofweg 50, D-78465 Konstanz-Wallhausen | **Pkw** Konstanz, Richtung Mainau, L 219 nach Dingelsdorf, Wallhausen, Parkplatz vor dem Ort am Waldrand | **ÖPNV** Bahnhof Konstanz, Buslinie 4 bis Hafen Wallhausen, dann Fußweg zur Marienschlucht | **Schiff** Wallhausen, Überlingen, Marienschlucht | **Öffnungszeiten** Burghof: Mi–So ab 11 Uhr geöffnet, bei Vorbestellung Veranstaltungen im Rittersaal, Übernachtungsmöglichkeit | **Tipp** Die Wanderung kann bis Bodman oder auf den Bodanrück zum Mindelsee fortgesetzt werden.

52 Die Kabelhängebrücke

Ein Vorgänger der Golden-Gate-Brücke in San Francisco

Wer früher die Argen zwischen Langenargen und Gohren, heutiger Ortsteil von Kressbronn, überqueren wollte, musste oft einen zweistündigen Umweg machen, denn das Flüsschen war damals noch nicht reguliert und sorgte oft für Überschwemmungen. Fuhrwerke blieben stecken, Menschen ertranken. Eine Zeit lang behalf man sich mit einer Holzbrücke, bis der Entschluss zu einem Neubau – wegen des weichen Untergrunds ohne Pfeiler – gefasst wurde. Der Entwurf stammte von Karl August von Leibbrand und dem Oberbaurat Graner vom Königlichen Ministerium des Inneren. Im Jahr 1896 begannen die Arbeiten. Durch zwei mächtige, zwölf Meter hohe Pylonen, deren Abstand 72 Meter beträgt, wurden die dicken Stahltrosse gezogen. Die Eisenkonstruktion für die eigentliche Brücke lieferte die Maschinenfabrik Esslingen, die Tragseile die Firma Felten & Guilleaume. Mit einer Dampfwalze machte man vor der Freigabe Belastungstests. Am 25. Januar 1898 wurde die erste Kabelhängebrücke Deutschlands feierlich dem Verkehr übergeben.

Die Arbeiten hatte übrigens auch der Schweizer Othmar Hermann Ammann begleitet: Beim Bau der Argenbrücke noch Praktikant, sollte er später unter anderem in New York die 1.067 Meter weit gespannte George-Washington-Brücke – zu der Zeit Weltrekord – planen und bauen. Außerdem beteiligte sich Ammann als Berater bei der Golden Gate Bridge in San Francisco.

Die Kabelhängebrücke in Gohren erregte so viel Aufsehen, dass die Pläne 1900 in Paris bei der Weltausstellung gefeiert wurden. Ende der 60er Jahre sperrte die Gemeinde Kressbronn sie für den Verkehr. Eine moderne Betonbrücke, die parallel verläuft, hat die alte ersetzt. Nur Radfahrer und Fußgänger dürfen heute noch das alte Bauwerk nutzen, ausnahmsweise auch eine Kutsche mit Feriengästen. Am 25. Mai 1982 wurde die Hängebrücke durch die Denkmalschutzbehörde als Kulturdenkmal von besonderer Bedeutung anerkannt.

Adresse zwischen D-88079 Kressbronn-Gohren und D-88085 Langenargen | Pkw A 96, bei Lindau auf B 31 bis Kressbronn, am Ortsende im Kreisverkehr von der B 31 auf die L 334 Richtung Langenargen, kurz hinter dem Kressbronner Ortsteil Gohren liegt die Brücke. Ein Parkplatz ist dort vorhanden. | ÖPNV mit dem Interregio nach Langenargen, Bus 7587 Richtung Kressbronn, in Gohren aussteigen, bis zur Brücke zu Fuß | Tipp Wenn man mit der Strömung am Ufer der Argen entlangwandert, erreicht man ihre Mündung in den Bodensee.

53 Das Maislabyrinth

Ein Irrgarten im Maisfeld

Ab Mitte Juli verwandelt sich seit zehn Jahren ein gewöhnlicher Maisacker in Nitzenweiler in einen lustigen Irrgarten. Jedes Jahr mit einem neuen Motiv, das nur aus der Luft gut zu erkennen ist. Mal sind es Enten, mal Igel, Fisch, Häuschen, eine Kuh, ein Traktor. Wie entsteht so ein Bild? Auf dem freien Acker wird vor der Aussaat mit Kalk das Bild aufgezeichnet, dann werden die Linien, die späteren Wege, mit Mulch bedeckt, damit an diesen Stellen kein Mais wächst.

Läuft man in einen Gang hinein, hat man zwischen den mannshohen Pflanzen keinen rechten Überblick. Während es in einem Labyrinth nur einen Weg gibt, der hinausführt, hat der Maisgarten viele Abzweigungen und Kreuzungen. Wer immer rechts abbiegt, kommt auf jeden Fall heraus, verpasst aber womöglich etliche Stellen, an denen er mit einem Stempel nachweisen kann, wo er überall gewesen ist.

Besitzer Bauer Arthur bittet am Eingang auf einem Schild, den Mais stehen zu lassen, weil er ihn als Futter für seine Kühe braucht. Deshalb sollten Besucher auf den Wegen bleiben und keine Halme umknicken. Außerdem ist zu lesen, dass Mais, ein Geschenk von Columbus aus Südamerika, unserer Umwelt guttut. Er liefere nicht nur Nahrung, sondern sei auch ein Rohstoff zur Energiegewinnung und produziere Sauerstoff. Ein Hektar Mais recycle bis zu seiner Ernte den CO_2-Ausstoß von 60.000 Kilometern Autofahrt beziehungsweise den durchschnittlichen Jahresverbrauch von vier Autofahrern.

Neben dem Maisirrgarten werden Spielattraktionen geboten, wie Maisbadewanne, Reifenschaukel, Trampolin und Gokarts. Tiere von Arthurs Bauernhof weiden auf den Wiesen: Kälber, Ziegen, ein Schafbock und Schweinchen. Für das Familienpicknick gibt es einen öffentlichen Grillplatz, kühle Getränke am Kiosk. So mancher Kindergeburtstag wird hier gefeiert.

Mit einem Teil der Einnahmen unterstützt der Bauer das Kressbronn-Toril-Education-Program auf den Philippinen.

Adresse Maislabyrinth in D-88079 Kressbronn-Nitzenweiler, info@maisabenteuer.de, Tel. +49 (0) 7543/8865, www.maisabenteuer.de | Pkw A 96, B 31 in Ortsmitte von Kressbronn abbiegen, Richtung Gattnau auf die K 7777 bis Nitzenweiler, dort rechts abbiegen zum Berger Weiher | ÖPNV Bahnhof Kressbronn, Buslinie 235 nach Schleinsee, von dort zu Fuß zum Maislabyrinth | Öffnungszeiten 14. Juli bis zur Maisernte am 16. Sept. 11–19 Uhr | Tipp Der nahe Gasthof Seerose, der beliebt ist bei den Gästen, hat einen schönen Wirtsgarten.

54 Die Hofanlage Milz

Vergessene bäuerliche Kultur neu erleben

Im Ortsteil Retterschen der baden-württembergischen Gemeinde Kressbronn wurde ein typischer alter Bauernhof in Gemeinschaftsarbeit vor dem Verfall gerettet und ist heute ein regelrechtes Vorzeigeobjekt. Der ehemalige Schultheißenhof schaut auf eine lange Geschichte zurück.

799 erstmals urkundlich erwähnt, wechselte er häufig die Herrschaften, bis ihn 1809 die Familie Huster erwarb. Deren letzte Angehörige, Theresia Milz, lebte dort bis 1992 als Kriegerwitwe sehr bescheiden: ohne Bad, Zentralheizung und heute selbstverständliche Elektrogeräte.

Ursprünglich gehörte zum Hof Milz ein Grundstück in besonders schöner Aussichtslage auf den Bodensee. Es wurde 1907 verkauft. Mit dem Erlös erstand der Hof eine neue Mostpresse und eine Hopfendarre. Im Jahr 2001 erwarb die Gemeinde Kressbronn die Anlage. Für ihren Erhalt gründete sich ein Verein, der zuerst die Sicherungsmaßnahmen an der alten Scheune aus dem Jahr 1717 in Angriff nahm. Deren riesiger Raum mit acht Metern Höhe war optimal für die Lagerung von Wein und Getreide. Zuschüsse erhielt man von der Gemeinde, der Denkmalstiftung Baden-Württemberg, der Kunst- und Kulturstiftung des Bodenseekreises und der Peter-Dornier-Stiftung sowie privaten Förderern.

Der Bauernhof ist inzwischen ein Paradebeispiel für fast vergessene dörfliche Bauweise geworden: So sind die Dächer aller Gebäude mit den mittlerweile selten gewordenen Biberschwanzziegeln gedeckt. Um genug dieser wertvollen historischen Originalziegel kostenlos zusammenzubekommen, wurde bei Abbruch- oder Umbaugebäuden in der nahen und fernen Umgebung nach ihnen gefahndet.

Zwischen Haupthaus und Scheune blüht es im traditionellen Bauerngarten. Im alten Backhaus dürfen die Kinder während der Ferien Brot backen.

Adresse Dorfstraße, D-88079 Kressbronn-Retterschen | Pkw A 81, A 98, A 96, auf B 31 Abfahrt Kressbronn, von Zürich aus N 7 bis Kreuzlingen, Konstanz, Autofähre Meersburg, B 31 Richtung Lindau, Abfahrt Ortsende Kressbronn links hoch | ÖPNV Bahnhof Kressbronn, zu Fuß nach Retterschen | Öffnungszeiten Führungen einmal im Monat, Information: tourist-info@kressbronn.de | Tipp Die Lände in Kressbronn, Seestraße 24, ist ein Haus für Kunst und Kultur. Die Galerie veranstaltet Ausstellungen zeitgenössischer Kunst aus der Euregio Bodensee. Geöffnet von Dienstag bis Sonntag 15 bis 17 Uhr.

55 Am Schleinsee

Idyllisches Bodensee-Hinterland

In der sanft welligen Hügellandschaft des Bodensee-Hinterlandes verbergen sich manch schöne Seen. Rund vier Kilometer nordöstlich von Kressbronn träumt mit seinen von Schilf umrahmten Ufern der Schleinsee und nur 400 Meter weiter der Degersee. Beide sind vor rund 15.000 Jahren zum Ende der letzten Eiszeit entstanden.

Lässt man sich auf der Bank am Schleinsee nieder, so fällt der Blick auch auf die Kapelle Maria Himmelfahrt neben dem quadratischen Pfarrhaus mit seinem Walmdach. Im Frühling ist das Bild besonders schön, wenn die Obstbäume in Blüte stehen. Doch auch die Herbstfarben sind sehr reizvoll.

Der Stifter der barocken Kapelle, die nach Grundsteinlegung am 18. Juli 1737 in nur 100 Tagen aufgebaut wurde, war Dekan Johann Melchior Sauter, ältestes Kind von einem montfortschen Lehenhof in Schleinsee (Ort und See haben den gleichen Namen). Wenige Meter neben der Kapelle stehen die Gebäude des Hofguts Gührer, die Dächer, dem Trend der Zeit folgend, mit Solarzellen eingedeckt. Die Familie betreibt hier seit 1812 Landwirtschaft. Das Gutshaus aus der Zeit des Jugendstils wurde auf dem Gewölbekeller des Vorgängergebäudes errichtet. Hier wohnt das Ehepaar mit seinen vier Kindern. Im ehemaligen Gesindehaus wurden Ferienwohnungen eingerichtet. Die alte Hopfendarre glänzt in einem neuen Holzgewand. In ihr haben jetzt das Hofcafé samt Hofladen und darüber moderne Apartments Platz gefunden. Bei Sonnenschein verzehren die Gäste die hausgebackenen Kuchen gern auf der Terrasse.

Bäuerin Maria Gührer hat bei der SWR-Serie »Lecker aufs Land« mit einem ihrer Menüs den ersten Preis gemacht. Ihr Lieblingsplatz ist auf dem Hügel oberhalb des Hofguts, von wo sie einen schönen Blick hat auf den Schleinsee mit seinem Fischerhaus, den Anglersteg, auf Kapelle und Pfarrhaus und in der Ferne auf die Alpenkette mit dem Säntis, der fast das ganze Jahr eine weiße Schneehaube trägt.

Adresse Schleinsee 3, D-88079 Kressbronn-Schleinsee, Tel.+49 (0) 07543/6467, info@hofgut-schleinsee.de | **Pkw** B 31 bis Kressbronn, dann auf der K 7777 über Berg und Nitzenweiler nach Schleinsee | **ÖPNV** Buslinie 235 von Kressbronn, Haltestelle Schleinsee | **Öffnungszeiten** Hofcafé: Mi–Sa ab 14 Uhr, So ganztägig | **Tipp** Bei der Vier-Seen-Wanderung Schleinsee, Degersee, Wielandsweiler Weiher und Muttelsee lernt man das schöne Bodensee-Hinterland kennen.

56 Das Seemuseum

Informationen für große und kleine Seefahrer

Im Seeburgpark von Kreuzlingen befindet sich das einzige Schifffahrts- und Fischereimuseum der Ostschweiz und Südwestdeutschlands. Es hat seinen Platz in der alten Kornschütte des Augustiner-Chorherrenstifts, einem Lagerhaus für Wein und Getreide aus dem Jahr 1717, zu dem die Segelschiffe ihre Fracht aufgrund der Lage günstig liefern konnten. Jetzt können sich große und kleine Seefahrer auf 1.500 Quadratmetern über die Bodenseeschifffahrt und die Fischerei, über Tauchen und Seerettung sowie die Entwicklung von Zoll und Grenzwache informieren.

Im ersten Stockwerk wird die Historie der Schifffahrt auf dem Bodensee gezeigt. 50 Modelle, darunter hölzerne Lastensegler, die Lädinen, und Dampfschiffe, wie die heute wieder hergestellte Hohentwiel, Oldtimersegelboote, alte Sportboote und Dampfschiffrequisiten. Eine aufwendige Ausstellung beleuchtet die Geschichte des legendären Bodenseedampfschiffes »Jura«, das 1865 im Nebel nach der Kollision mit einem anderen Dampfer versank.

Früher war der Bodensee ein verbindender Verkehrsweg. Doch durch die Eisenbahnlinie verlor der Gütertransport auf dem Wasser an Bedeutung. Motorschiffe und Jachten machten das Fahren auf dem Wasser im 20. Jahrhundert zu einem Freizeitvergnügen.

Das Seemuseum möchte auch gesellschaftliche Aspekte aufzeigen: Im zweiten Stock erlebt der Besucher in lebensgroßen Darstellungen die schwere Arbeit der Fischer, die bei Wind und Wetter auf dem See ihren Fang einholen. Weitere Szenen berichten von der Netzherstellung und dem Verkauf der Fische. Auch die Geräte der Sportfischer sind zu sehen.

Im Dachgeschoss erlebt man die Geschichte des Zolls und der Grenzwache. Auch die Arbeit der Wasserwacht wird gewürdigt, ebenso die der Taucher, die immer wieder bei Unglücksfällen zum Einsatz kommen. Von hier oben bietet sich ein phantastischer Ausblick auf den nahen Bodensee und das Seeburg-Schlösschen.

Adresse Seeweg 3, CH-8280 Kreuzlingen, www.seemuseum.ch | Pkw A7, Ausfahrt Kreuzlingen, oder auf der Route 13, Hafenstraße, Parkplatz Werkhof Promenadenstraße, 14 Minuten über den Seeweg | ÖPNV Bahnhof Kreuzlingen Hafen, zehn Minuten zu Fuß zum Seemuseum | Öffnungszeiten Juli, Aug., Sept. Di–So 11–17 Uhr, April, Mai, Juni, Okt. Mi, Sa, So 14–17 Uhr, Nov.–März So 14–17 Uhr | Tipp Das See-Burgtheater veranstaltet in den Sommermonaten interessante Freilichttheateraufführungen im Seeburgpark von Kreuzlingen, www.see-burgtheater.ch.

57 Die Rosenkranzmedaillons

Naive Darstellungen der christlichen Heilsgeschichte

Die katholische Pfarrkirche St. Martin in Langenargen ist eine der Perlen an der Oberschwäbischen Barockstraße. Ihren lichten Innenraum krönen Deckenfresken von Franz Anton Maulbertsch. Eine weitere Kostbarkeit sind die 15 Rosenkranzmedaillons. Durch ihre Verbindung von barocker Bildsprache und naiver Gläubigkeit sprechen sie den Betrachter unmittelbar an. Sie sind die Stiftung einer Bruderschaft, die sich besonders des Rosenkranzgebetes annahm. Sie muss zahlenmäßig sehr groß gewesen sein, denn sonst hätte sie diese Arbeit nicht in Auftrag geben können. Die Medaillons hingen wohl schon in der ersten Langenargener Pfarrkirche am Friedhof, die 1474 erbaut worden war. Diese Kirche wurde 1718, mit Ausnahme des Chorraums, zwecks Baumaterialbeschaffung für die zwischen 1718 und 1722 erbaute jetzige St.-Martins-Kirche abgerissen.

Auf Wunsch der Gräfin Elisabeth von Thun wurde an die Pfarrkirche eine kleine Marienkapelle angebaut. Darin haben die Rosenkranzmedaillons einen guten Platz gefunden. Sie hängen nach den drei Themenkreisen des Rosenkranzes gegliedert, dem freudenreichen, dem schmerzhaften und dem glorreichen. Sie sind aus Lindenholz geschnitzt und haben eine farbige Fassung. Die Flachreliefs ähneln den Rosenkranzdarstellungen der berühmten, aus Bad Waldsee stammenden Bildhauerfamilie Zürn. Stilistisch sind sie aber derber, sodass Kunsthistoriker sie einem Nachfolger von Hans Zürn dem Jüngeren zuschreiben. Vier Reliefs (Heimsuchung, Kreuzigung, Auferstehung, Marienkrönung) stammen aus einer anderen Werkstatt und sind vermutlich später entstanden. Sie wirken auch insgesamt nicht so von prallem Leben erfüllt. Die anderen Medaillons sind plastischer und anschaulicher, wenn auch naiv. Aus einer frommen Haltung heraus hat der unbekannte Künstler die Heilsgeheimnisse aus der Vorstellung des 17. Jahrhunderts dargestellt. Entlang der gut ausgeschilderten Oberschwäbischen Barockstraße gibt es noch manche Kostbarkeit zu entdecken.

Adresse Pfarrkirche St. Martin, Marktplatz 26, D-88085 Langenargen, Tel. +49 (0) 7543/2463 | Pkw B 31, Tettnanger Straße, Oberdorfer Straße, Marktplatz | ÖPNV Bahnhof Langenargen, vom Bahnhof neun Minuten Fußweg | Tipp Das Schloss Montfort, eine Villa im maurischen Stil, steht auf einer Landzunge direkt am Bodenseeufer von Langenargen. Im Saal des oberen Stockwerks finden Sommerkonzerte statt.

58 Das Aeschacher Bad

Reizvolles altes Pfahlbad im Bodensee

Das Aeschacher Bad in Lindau behauptet sich aller Widerstände zum Trotz schon mehr als 100 Jahre. Die grüne Pfahlbaukonstruktion nahe dem Eisenbahndamm wurde 1911 errichtet, zu einer Zeit, in der »wildes Baden« noch für allerhand öffentliche Aufregung sorgte. Aus der Notwendigkeit heraus, das Bedürfnis nach Abkühlung der Bürger in sittengerechte Bahnen zu leiten, beschloss die damals noch selbstständige Gemeinde Aeschach, eine öffentliche Badeanstalt zu errichten.

Es wird erzählt, dass der damalige Bau nicht ganz dem heutigen entsprach: Um den Sittenkodex zu wahren, soll von jeder Umkleidekabine eine eigene, separate Treppe in den See geführt haben, die von allen Seiten – einem Schutzwall gleich – geschlossen war, um sowohl Spaziergängern als auch Mitbadenden den Blick auf den ohnehin völlig bekleideten Körper zu verwehren. Für Zucht und Ordnung war ein Bademeister zuständig, der nebenbei auch Schwimmstunden gab und dafür sorgte, dass die Badeanstalt danach sofort verlassen wurde – das Bad in der Sonne war sowieso der damals beliebten vornehmen Blässe abträglich.

In den 50er Jahren sollte die nostalgische Anlage einem großzügigen Strandbad weichen, zumal der Zahn der Zeit unerbittlich an der Holzkonstruktion nagte. Ein Expertenurteil bescheinigte ihr, dass sie morsch bis ins Pfahlknochenmark sei.

Empörte Bürger verhinderten den Abriss. Die Stadt, die Gemeinde Aeschach war seit 1922 der Stadt Lindau angegliedert, entschloss sich also zur Verpachtung. Nach gründlicher Sanierung überließ sie den Pfahlbau für eine symbolische Pacht von jährlich 100 Mark der Gemeinschaft Aeschacher Bad e.V. Bis heute finanziert der Verein den Unterhalt des Bades allein aus Spenden, Mitgliedsbeiträgen und Eintrittsgeldern. Alle notwendigen Arbeiten werden von den Mitgliedern selbst ausgeführt. In keinem Reiseführer erwähnt, ist das Aeschacher Bad ein echter Geheimtipp.

Adresse am Aeschacher Ufer, Lotzbeckweg 3, D-88131 Lindau-Aeschach, Tel. +49 (0) 8382/23446 | Pkw A 96, Ausfahrt Lindau, Bregenzerstraße, zur Insel abbiegen, Zwanzigerstraße, Thierschbrücke zum Parkplatz auf der Hinteren Insel, zu Fuß zum Bad über den Eisenbahndamm | Öffnungszeiten Juni–1. Sept. 10–19 Uhr | Tipp Eine Führung über die Insel Lindau zum Thema »Lindauer Frauen«, zu buchen bei der Tourist-Information gegenüber vom Inselbahnhof, lohnt nicht nur für Frauen!

59 Die Einrichtungslounge

Stilvolles Mobiliar in Verbindung mit Kunst

Die Einrichtungslounge befindet sich in der Villa Rosenhof, einer Jugendstilvilla, die Anfang des 20. Jahrhunderts in Lindau erbaut wurde. Schon von Weitem ist sie an ihrem mit Kupferplatten verkleideten Türmchen zu erkennen. Im ersten Stock hat Stephan zu Waldburg-Zeil, der seit über 25 Jahren in der Einrichtungsbranche tätig ist, seine Vision von ganzheitlichem Einrichten, Beraten und Planen verwirklicht. In den einzigartigen, über vier Meter hohen Räumen hat er zusammen mit seiner Frau Diana unterschiedliche Wohnsituationen zusammengestellt und dekoriert. Stuck und Chrom, jahrhundertealtes Parkett und Hochglanzmöbel, das Flair der Vergangenheit und die Präsenz der Gegenwart schaffen ein unvergleichliches Ambiente – und eine »tragfähige Brücke« zwischen Klassik und Moderne. Ein Cappuccino oder ein Glas Wein auf der einmalig schönen Altane mit Blick auf den Bodensee laden dazu ein, sich zu entspannen und den Ort als eine Quelle der Inspiration zu erleben.

»Das Konzept ist, Sie kommen in eine komplett eingerichtete Wohnung«, begrüßt Diana zu Waldburg-Zeil eine Interessentin, die sofort begeistert reagiert: »Wann kann ich hier einziehen?« Möbel und Accessoires aus aller Welt, ein internes Nähatelier für Stoffverarbeitung, Wandbespannungen und Polsterarbeiten sowie langjährige Erfahrung helfen bei der Umsetzung persönlicher Wohnideen. Wechselnde Kunstausstellungen geben immer neue Impulse und nehmen die Scheu, die Villa zu betreten. Dabei berät unter anderen die Galeristin Hedi Probst, die auf Wunsch auch individuelle Kunstkonzepte im Wohnbereich durchführt.

»Wir leben in einer schnelllebigen Zeit, aber individuelle Einrichtung muss aus der Ruhe und der Harmonie erwachsen«, sagt Stephan zu Waldburg-Zeil. Er zitiert Antoine de Saint-Exupéry: »Du kannst nicht ein Haus lieben, das ohne Gesicht ist und in dem deine Schritte keinen Sinn haben.«

Adresse Stephan zu Waldburg-Zeil GmbH & Co. KG, Friedrichshafener Straße 57, D-88131 Lindau-Aeschach, Tel. +49 (0) 8382/2748031,waldburg-zeil@dieeinrichtungs-lounge.com, www.dieeinrichtungslounge.com | **Pkw** B 31 nach Lindau, dort in Friedrichshafener Straße | **ÖPNV** Lindau Hauptbahnhof, Buslinie zum ZUP, umsteigen in Bus 3 Richtung Oberreitnau, Haltestelle Christuskirche, zu Fuß noch 200 Meter | **Öffnungszeiten** Mo–Fr 9–12.30 Uhr und 14–18 Uhr, Sa 9–13 Uhr | **Tipp** Das Hotel Café Ebner an der Friedrichshafener Straße 19 hat die besten Kuchen.

60 Das Augustinhäuschen

Der romantische Wohnsitz einer Romanfigur

»Wo in Lindau die Dammgasse auf den Hafenplatz mündet, steht ein winziges, uraltes gelbes Haus; auf dem vorgebauten ersten Stockwerk sitzt das hohe spitzgiebelige Dach, und das ganze Ding schaut in die Welt, als ob es sein Lebtag nur lustige Leute gesehen habe.« So schildert Horst Wolfram Geißler (1843–1983) das kleine Haus, in dem er seine Romanfigur Augustin Sumser wohnen lässt. Heute duckt es sich immer noch klein und putzig hinter ein Hotel, aber mit sauberem weißem Anstrich und mit knallblauen Fensterläden. Es wird als Hochzeitshäuschen vermietet.

Eine Inschrift und ein Aushängeschild erinnern an den lieben Augustin, bekannt auch durch das Lied: »O du lieber Augustin, alles ist hin …« Mancher, der das Buch gelesen hat, glaubt, dass alles wirklich so passiert ist, denn Geißler stellt in seinem 1921 erstmals erschienen Werk die Zeit zwischen der Französischen Revolution und dem Untergang Napoleons überzeugend dar.

Das Waisenkind Augustin Sumser aus Mittenwald wird von seinem Onkel, einem Pfarrer, ins Pfarrhaus nach Wasserburg an den Bodensee gebracht. Schon als Bub verliebt er sich in die nahe Freie Reichsstadt Lindau, die auf einer Insel liegt. Sumser entwickelt sich zu einem intelligenten, lebenslustigen, aber etwas faulen jungen Mann. Während einer kurzen Rückkehr in seine alte Heimat erlernt er den Geigenbau und entdeckt sein Interesse für die Anfertigung von Spieldosen. Damit kann er in Lindau seinen Lebensunterhalt verdienen, auch die Miete für besagtes Häuschen.

Beim Verkauf einer seiner wunderschön klingenden Spieldosen lernte er die blutjunge Fürstäbtissin Friederike von Bretzenheim kennen, deren Bild heute noch im Lindauer Stadtmuseum hängt. Es entwickelt sich eine reizende, wenn auch melancholische Liebesgeschichte. Es gibt kein Happy End: Friederike wurde standesgemäß mit einem Grafen verheiratet, dem sie acht Kinder gebar. »O du lieber Augustin, alles ist hin …«

Adresse Augustinhäuschen, Familie Spilker, Dammgasse 4, D-88131 Lindau-Insel, Tel. +49 (0) 8382/94939 | **Pkw** A 96, Abfahrt Lindau, Bregenzerstraße, links zur Insel, Parkplatz nach der Brücke rechts bei der Inselhalle, zu Fuß Richtung Hafen | **ÖPNV** Lindau Hauptbahnhof, Hafenpromenade, dann links Dammgasse | **Öffnungszeiten** keine, da Ferienwohnung | **Tipp** Im Haus zum Cavazzen am Marktplatz befindet sich das Stadtmuseum mit aktuellen Ausstellungen und historischen Möbeln, Kunsthandwerk, Bildern und Waffen. Darin hängt auch das Bild der Fürstäbtissin Friederike von Bretzenheim.

61 Die Casa dell' arte

Wo »Fürstin« Hanna ihre Träume an Wände malt

Wer am Marktplatz von Lindau zum stattlichen barocken »Haus zum Baumgarten« hinüberschaut, ahnt nicht, was für eine Kuriosität sich hinter den Fenstern im ersten Stock verbirgt: Eine 150 Quadratmeter große Wohnung, in der alle Wände mit Fresken und Illusionsmalerei überzogen sind. Was sich sonst noch alles an Kuriositäten in den Räumen ausbreitet, ist fast unbeschreiblich. Dort lebt seit acht Jahren die Münchner Künstlerin Hanna Fürst-Ala de Voy mit ihrem Mann, dem Fotografen Gert Salvat.

Hanna, von den Medien auch gern als Fürstin Hanna bezeichnet, hat eigentlich immer schon gemalt. Sie bezeichnet sich als Autodidaktin, hatte sehr schnell Erfolg: 1964 der erste Preis bei einer Gruppenausstellung in München und 1979 in Hannover der erste Preis national und an sechster Stelle international. Um ihre Malerei zu vervollkommnen, verbrachte sie Studienaufenthalte in Italien. Dort begeisterte sie sich für die Freskomalerei.

Im Gegensatz zu vielen heutigen Freskomalern, die den Entwurf mit einem Projektor auf die Wand werfen, verzichtet sie auf technische Hilfsmittel. Sie trägt völlig frei ihre Bilder auf, die mit den Mitteln des Trompe-l'Œil Räume vortäuschen: In ihrer Küche hängen unter einem »schweren Ziegeldach« Kochlöffel. Doch das Dächlein ist gemalt, so wie der Steg, auf dem ein Keramiktopf mit grünen Pflanzen »steht«.

An der Wand des Wohnzimmers ruht Merkur vor dem Park von Versailles. Daneben toskanische Landschaften, »offene« Fenster mit einem Blick auf Pinien, Wasserfontänen, Pfauen, ein Kamin, auf dem putzige Engelchen eine alte Uhr umrahmen. Selbst das Klavier ist mit einer liegenden Venus geschmückt.

Das Arbeitszimmer beherrschen drei elegante Damen der 20er Jahre, mit Acryl in Freskotechnik auf Holztafeln gemalt. Man muss schon genau hinschauen, um zu erkennen, ob das altmodische Grammophon auf dem Bücherregal echt ist oder gemalt.

Adresse Haus zum Baumgarten, Marktplatz 4, D-88131 Lindau-Insel, Tel. +49 (0) 8382/9436367 | **Pkw** aus Richtung München A 96, Ausfahrt Lindau-Richtung Lindau-Insel; aus Richtung Österreich/Schweiz Rheintalautobahn durch Pfändertunnel, Richtung Deutschland, A 96, Ausfahrt Lindau, Bregenzer Straße, Seebrücke, Chelles-Allee, Kreisverkehr rechts Zwanzigerstraße, links Neugasse, Marktplatz | **ÖPNV** Hauptbahnhof Lindau, zu Fuß Maximilianstraße bis zum Marktplatz | **Öffnungszeiten** Interessierte Besucher sind ab 10 Uhr willkommen. | **Tipp** Beim Bahnhof kann man die Hintere Insel umrunden. Dort sieht man auch den kleinen Pulverturm und die Schönheitsklinik von Professor Mang.

62 Die Marionettenoper

Der Pole Poppenspäler vom Bodensee

»Ich mache es, weil es meine Berufung ist, mein Traum!« Bernhard Leismüller eröffnete am 2. Juli 2000 in Lindau seine Marionettenoper. Das Kulturamt stellte dem mutigen jungen Mann den Musiksaal des Stadttheaters zur Verfügung, der einst als Chorraum der im 13. Jahrhundert erbauten ehemaligen Franziskanerkirche diente. Vor den schlanken spätgotischen Fenstern ragt die Bühne auf. Die frühere Leiterin des Kulturamtes Dr. Angela Heilmann wagte das Experiment mit Leismüller: »Mich hat fasziniert, dass er mit Leib und Seele Puppenspieler ist.« Er erinnerte sie an den »Pole Poppenspäler« der Theodor-Storm-Novelle. »Er hat eine besondere Art, seine Puppen zum Leben zu erwecken.«

Der schlanke Mann weiß, was er tut: »Ich spiele Marionettentheater, seit ich elf Jahre alt war.« Er hatte in seiner Heimatstadt Bad Tölz eine Karte zur Oper »Die Entführung aus dem Serail« erhalten. Das Spiel faszinierte ihn so, dass er nach der Vorstellung hinter die Bühne ging. Die Spielleiterin erlaubte ihm, bei den Proben zuzuschauen, und als einmal ein Spieler ausfiel, wurde er angelernt.

In seinem »eigenen« Theater inszeniert Leismüller ausschließlich Opern in traditioneller Weise. Bei der Führung der Puppen hilft ihm seine Ausbildung in klassischem Ballett.

Die Gesichter schnitzt ein Bildhauer. Die Kostüme schneidert Leismüller selbst, anfangs unterstützt von seiner Mutter. Sein Fundus besteht mittlerweile aus 400 Puppen, das Team aus 14 Puppenspielern. Neben sieben Opernklassikern, wie »Die Zauberflöte«, »Der Barbier von Sevilla«, »Die Entführung aus dem Serail«, »Cosi fan tutte«, »Der Barbier von Sevilla«, »Carmen« und »La Traviata«, hat er auch die Operette »Die Fledermaus«, das Ballett »Schwanensee« und speziell für Kinder »Hänsel und Gretel« im Programm.

Die Marionettenopern, deren Musik von der CD kommt, werden ganzjährig angeboten. Sie sind eine feste Institution in Lindau geworden und immer gut besucht.

Adresse Lindauer Marionettenoper im Stadttheater, Fischergasse 37, D-88131 Lindau-Insel, Tel. +49 (0) 8382/942446, E-Mail: info@marionettenoper.de, www.lindauer-mt.de | **Pkw** A 96, Ausfahrt Lindau, B 12 oder B 31, auf die Insel, Marktplatz oder Stiftsplatz, links Linggasse, links Fischergasse | **ÖPNV** Hauptbahnhof Lindau-Insel, zehn Minuten zu Fuß | **Öffnungszeiten** ganzjähriger Spielplan | **Tipp** Die Hafenpromenade mit ihren Türmen und den anliegenden Hotels ist abends sehr dekorativ beleuchtet.

63 Die »Rund Um«

Die größte internationale Regatta am Bodensee

Mit 350 Schiffen und an die 2.000 Seglern ist die »Rund Um« nicht nur die größte Regatta am Bodensee, sondern mit ihren 100 Streckenkilometern auch die längste. Gesegelt wird um das Blaue Band und den Blauen Pokal. Die Teilnehmer fahren einen Rundkurs zwischen Lindau, Romanshorn Konstanz und Überlingen. Der Massenstart beim Lindauer Segelhafen ist immer äußerst spektakulär. Boote verschiedener Größen aus Deutschland, Österreich, der Schweiz, ja sogar aus Ungarn und Italien nehmen teil. Die Schiffe segeln nach Klassen oder Yardstickgruppen unterteilt gegeneinander.

Die Startgruppe 1 (NT/Neue Technologie, Mehrrumpfschiffe, Schwenkkiel et cetera) und Startgruppe 2 (schnellere Rennjachten) sind mit einem Sender versehen, sodass die Position in Echtzeit über das Internet übertragen und auch während der ganzen Nacht verfolgt werden kann.

Die erste Wendmarke liegt vor Romanshorn, die nächste vor dem Eichhorn bei Konstanz, wo die kleineren Boote, die um das Kleine Blaue Band segeln, bereits wieder umkehren, und die letzte vor dem Hafen des Bodensee-Yacht-Clubs Überlingen. Bei zu wenig Wind im Überlinger See wird die Strecke verkürzt. Bisher wurde die Reihenfolge der Wendmarken jedes Jahr gewechselt. Einmal ging es rechtsherum, dann wieder links. Doch der Kurs im Uhrzeigersinn um den See hat sich für den Fall einer hartnäckigen Flaute bewährt. Außerdem legt man jetzt die Wendmarken vor Romanshorn und Eichhorn weiter in den See hinein, weiter weg von der Landabdeckung, die den Wind abhält.

Tausende verfolgen auf der Hafenpromenade den Start. Wenn die Jachten Richtung Sonnenuntergang davongesegelt sind, steigt am Lindauer Hafen eine lange, heiße Nacht mit Musik und Tanz. Vier Tage wird gefeiert. Der Tag nach dem Start steht ganz im Zeichen der heimkehrenden Segler. Der Abend endet mit einem großen Klangfeuerwerk über dem Hafen.

Adresse Lindauer Segler-Club e.V., Segelhafen 3, D-88131 Lindau-Insel, Tel. +49 (0) 08382/6366, club@lsc.de, www.lsc.de, www.lindau.de | **Pkw** A 96, dann B 12 zur Insel, Parkplatz Inselhalle | **ÖPNV** Lindau Hauptbahnhof, nur wenige Meter zum Hafen und Segelhafen | **Tipp** Im Bundesbahnhafen herrscht durch die ein- und auslaufenden Schiffe ein reger Betrieb. Außerdem tummeln sich die verschiedenen Selbstdarsteller auf der Hafenpromenade.

64 Die Insel Hoy

Die kleinste künstliche Insel im Bodensee

Beim Überqueren der Brücke, die zur Inselstadt Lindau führt, wird linker Hand in Ufernähe des Bodensees die mit einer Weide bestandene kleine Insel Hoy sichtbar. Fälschlicherweise sind auch einige Einheimische der Meinung, dass es sich hierbei um die Galgeninsel handelt, auf der einst Verbrecher hingerichtet wurden; die liegt aber 550 Meter weiter östlich und ist seit Mitte des 19. Jahrhunderts eine Halbinsel. Im Gegensatz zur makabren Galgeninsel diente die Insel Hoy einem erfreulichen Zweck: Badefreuden. Kommerzienrat Dr. Jakob Egg, der die Villa Seeheim erworben hatte, gefiel es nicht, dass neben seinem neuen Eigenheim die Aach einmündete und dabei schmutziges Wasser in den See spülte. So stellte er 1924 zusammen mit seinem Schwiegersohn, dem Architekten Robert Erdmannsdorffer, den Antrag, auf »öffentlichem Grund« etwa 160 Meter vor dem Ufer ein massives Badehaus errichten zu dürfen, nachdem sich schon vorher ein kleiner hölzerner Pfahlbau dort befand. Nach langem Zögern und etlichen Jahren wurde der Bau genehmigt. Nun konnte ein Häuschen auf einen Sockel gesetzt und daneben eine Weide gepflanzt werden. Mit Festreden, Fahnen und Gesang wurde sie 1934 eingeweiht.

Die Baumkrone der Weide überragt heute noch die neun Meter lange und etwa sechs Meter breite Fläche fast ganz. Bei Hochwasser heißt es hier schon einmal »Land unter«. Bei niedrigem Wasserstand lässt sich das Inselchen gut zu Fuß erreichen. Kein Wunder also, dass es immer wieder Kinder als Abenteuerspielplatz anlockt! Im Winter 1945 vergnügten sich dort zwei Buben, machten ein Feuerchen und hinterließen eine Brandstätte.

Besonders gut ist die Insel Hoy vom Parkplatz der Stadtverwaltung aus zu sehen, die im früheren Sommersitz des Großherzogs Ferdinand IV. von Toskana »residiert«. Da auch der bayerische König am Bodenseeufer einst eine Villa besaß, war solch ein Anwesen im Trend.

Adresse im See vor dem Reutiner Ufer, D-88131 Lindau-Reutin, Naturschutzgebiet, nicht betreten | Pkw A 96, Ausfahrt Lindau, auf B 12 Richtung Lindau-Insel, vorher in den Toskana-Park einbiegen oder auf der Fahrt über die Brücke zur Insel Hoy hinüberschauen | ÖPNV Hauptbahnhof, Bus 1 und 2, Haltestelle Toskana, zu Fuß entweder in den Toskana-Park oder auf die Brücke | Tipp Auf dem Alten Friedhof in Aeschach sind besonders schöne Grabmäler von Lindauer Patrizierfamilien. Wenn man von der Insel kommt, stößt man direkt auf die Mauer des Alten Friedhofs.

65 Die Burgruine Degelstein

Diese Mauern haben viel zu erzählen

Im Lindenhofpark von Lindau-Schachen träumt die Ruine der Niederungsburg Degelstein, auch Weiherschlösschen genannt, von glanzvolleren Zeiten. Im Jahr 1332 erhielt der Lindauer Bürger Heinz Haintzel die Burg Tegelstein (der Name kommt von einem großen Steinblock) als Lehen von der Abtei Sankt Gallen. Der wollte Burg und Umgebung zu einer kleinen Herrschaft gestalten, was aber die Reichsstadt Lindau verhinderte. 1385 besiegelte ein Konrad von Weiler den Verkauf des Wasserschlösschens an das Lindauer Stift. Eine Zeichnung aus dem Jahr 1765 von Caspar Wegelin zeigt das Hauptgebäude als kleines zweigeschossiges Weiherhaus mit beidseitigen Treppengiebeln. Eine hölzerne Brücke führte über den Weiher zur Vorburg mit den landwirtschaftlichen Nebengebäuden und einem weiteren Wohnhaus. Diese waren wiederum von Türmen, Mauern und zwei Toren eingefasst.

1496 bis 1525 gehörte das Anwesen dem Lindauer Spital, und nach verschiedenen weiteren Eigentümern gelangte es in den Besitz der Reichsstadt Lindau, von der es 1770 Frederick Calvert, der sechste Lord Baltimore, ein kauziger, aber sehr vermögender Engländer mit dubiosem Lebenswandel, erwarb. Der Lord bezog seinen immensen Reichtum aus einer Kolonie in Maryland, die er aber nie aufgesucht hat. Aufgrund seiner lockeren Sitten waren die Lindauer froh, als er die Stadt in Richtung Neapel verließ.

Nach des Lords frühem Tod kam Degelstein in den Besitz des Patriziers Johann von Halder, der das Anwesen 1838 an den Kaufmann Friedrich Gruber zur Errichtung seines Sommersitzes Lindenhof samt Landgut verkaufte. Der ließ die noch wohlerhaltene Burg mit ihren efeuüberwachsenen zwei Stockwerken abbrechen, weil damals in einen anständigen Englischen Park eine Ruine gehörte! Es blieben nur drei Meter hohe Mauern mit einer Kreuzschlüssellochscharte stehen. Grubers Erben verkauften 1956 Villa und Park mit Ruine relativ preisgünstig der Stadt Lindau.

Adresse Lindenhofpark, D-88131 Lindau-Schachen | Pkw A 96, Abfahrt Lindau oder B 31, am Aeschacher Kreisverkehr dem Schild Bad Schachen folgen, dann nach etwa einem Kilometer links abbiegen, Schild Friedensräume, Lindenhofweg | ÖPNV Lindau Hauptbahnhof, Bus 4, Haltestelle Degelstein | Öffnungszeiten Der Park ist Tag und Nacht offen. | Tipp Wer nostalgisch baden möchte, ist im Strandbad vom Hotel Bad Schachen im Nachbarpark an der richtigen Adresse.

66 Die Friedensräume

Das einzige Friedens-Museum Deutschlands

»Menschen, die Mut machen, wie Friede gelebt, erdacht und erkämpft, ertrotzt und ausgeklügelt werden kann …« Diese Inschrift steht in den Friedensräumen der Lindenhofvilla an der Wand des Leseraums über einem Schubladenschrank, der zum Hineinschauen einlädt.

Seine 14 Leseschubladen beinhalten Bilder, Texte, Gegenstände, die für außergewöhnliche Persönlichkeiten stehen. In der linken Hälfte sind die Frauen vertreten, darunter Petra Kelly, die sich für Friedens- und Anti-Atompolitik sowie für die Menschenrechte einsetzte. 1982 erhielt sie den Alternativen Nobelpreis, ebenso wie 1994 Astrid Lindgren, zu deren Gedenken die sechste Schublade eine Pippi-Langstrumpf-Puppe birgt. Dann Sophie Scholl, wegen ihres Widerstands gegen Hitler hingerichtet.

Auf der rechten Schrankseite die Männer: Nelson Mandela, der sich schon als Jurastudent gegen die weiße Minderheitsregierung Südafrikas auflehnte. Gonsar Rinpoche aus Tibet, der in der Schweiz auf dem Mont Pèlerin ein buddhistisches Kloster leitet und Orte wie die Friedensräume für sehr wichtig hält. In der letzten Schublade wird das eigene Bild gespiegelt.

Die Liebeserklärungen der »Flüsterecke« machen auf andere Weise Mut. In einem weiteren Raum sind Sitzinstallationen Denk- und Experimentierfeld zugleich. Die Koordinatorin des Museums Cornelia Speth meint dazu: »Die Leute sollen hier aktiviert werden. Sie können spielerisch einiges erfahren. Zum Beispiel beim Wechsel vom Chefsessel auf den tiefer liegenden Hocker. Wie fühlt man sich als Vorgesetzter und dann als Untergebener?« Das rote Lippensofa, ein Remake nach Salvador Dalí, sieht so üppig weich gepolstert aus, ist aber knochenhart. Wäre es geeignet für Liebesgeflüster? Sitzordnungen können auch Feindbilder zeigen. In den zu den Sitzmöbeln gestellten »Frageköchern« finden die Besucher Anregungen für innere und äußere Dialoge.

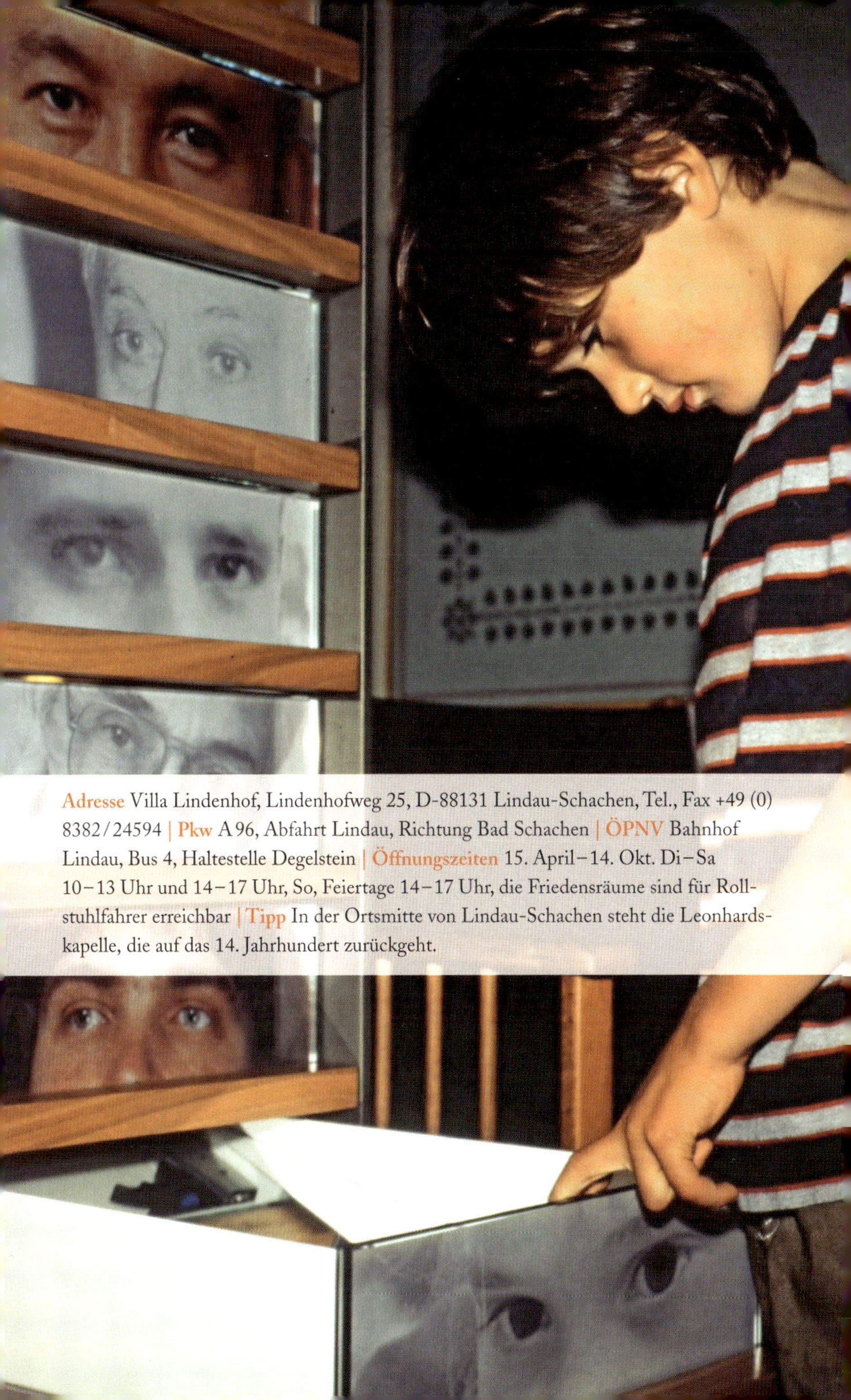

Adresse Villa Lindenhof, Lindenhofweg 25, D-88131 Lindau-Schachen, Tel., Fax +49 (0) 8382/24594 | **Pkw** A 96, Abfahrt Lindau, Richtung Bad Schachen | **ÖPNV** Bahnhof Lindau, Bus 4, Haltestelle Degelstein | **Öffnungszeiten** 15. April–14. Okt. Di–Sa 10–13 Uhr und 14–17 Uhr, So, Feiertage 14–17 Uhr, die Friedensräume sind für Rollstuhlfahrer erreichbar | **Tipp** In der Ortsmitte von Lindau-Schachen steht die Leonhardskapelle, die auf das 14. Jahrhundert zurückgeht.

67 Das Schweizerhaus

Schweizerische Landhausarchitektur im Lindenhofpark

Im Lindenhofpark, dem bedeutendsten historischen Garten am Lindauer Villenufer, steht in der östlichen Ecke nahe am See das dekorative Schweizerhaus. Der Tuchhändler und Bankier Friedrich Gruber (1805–1850), der diesen Park samt der auf einer Anhöhe thronenden Villa anlegen ließ, legte großen Wert auf ein sich selbst tragendes Landgut. Entsprechend hat der Schweizer Architekt Johann Christoph Kunkler für ihn dieses lang gestreckte Gebäude im Stil eines Schweizer Bauernhauses mit Satteldach und verschieden langen Balkonen gebaut. Der oberste, kleinste Balkon befand sich vor dem sogenannten »Eselszimmer«. Darin wohnte der Knecht, der mit dem Eselskarren die Einkäufe erledigte, während »der Schweizer« für die Vieh- und Milchwirtschaft zuständig war.

Auf einem alten Foto im Bestand einer Nachfahrin sieht man Bedienstete bei einem Ochsengespann, während einer sich an dem breiten Misthaufen zu schaffen macht. Die meisten Ökonomiegebäude gibt es nicht mehr. Heute dient das Erdgeschoss des Schweizer Hauses als Wohnung. Außerdem beherbergt es im zweiten Stock die Redaktionsräume eines privaten Radiosenders.

Nachdem die Familie Gruber das Anwesen nicht mehr halten konnte, kam es 1955 in den Besitz der Stadt Lindau. Daher haben heute alle Bewohner der Stadt und ihre Gäste Tag und Nacht freien Zugang zum Park, was der einst vom bekannten Düsseldorfer Gartenarchitekten Maximilian Friedrich Weyhe geplanten Anlage nicht immer guttut: wildes Baden, Lagern und den Abfall hinterlassen, Fußball spielen, Hunde frei laufen lassen, mit allen Folgen. Doch es gibt auch die Genießer, die sich an den schönen alten, zum Teil exotischen Bäumen erfreuen. Und an den Blickachsen des Landschaftsgartens zur Villa und dem sich stets verändernden See, auf die Silhouette der Insel Lindau im Osten, auf Rätikon und Rheinmündung im Süden und auf die hohen Gipfel von Säntis und Altmann im Westen.

Adresse Lindenhofpark, D-88131 Lindau-Schachen | **Pkw** B 31 aus Richtung Friedrichshafen, Ortsschild Lindau, im Kreisverkehr beim Rewemarkt rechts abbiegen auf die Steigstraße, über die Bahngleise bis zur Schachener Straße, rechts abbiegen, 2. Straße links in den Lindenhofweg, nach dem Minigolfplatz links in den Lindenhofpark | **ÖPNV** Lindau Hauptbahnhof, Bus 4, Haltestelle bei der Kirche Johannes der Täufer oder Degelstein, dann von der Schachener Straße in den Lindenhofweg | **Tipp** Vom Lindenhofpark führt eine Treppe in den See. Angenehmer für Familien mit Kindern ist das Lindenhofstrandbad am Ende des Parks.

68 Das Badehaus am Kaiserstrand

Kaiserlich wohnen und baden

Wo einst schlichte Badehütten im Bodensee standen, schwebt heute 40 Meter vom Ufer entfernt eine noble moderne »Schachtel« aus hellem Holz, die über einen langen Steg erreichbar ist. Direkt gegenüber vom Seehotel am Kaiserstrand, das 100 Jahre nach seiner Erbauung in neuem Glanz erstrahlt.

Es fing im Jahr 1900 ganz bescheiden an mit dem »Gasthof zum Anker« der Geschwister Josef und Theresia Hutter. Sie boten Feriengästen eine einfache Unterkunft, eine Badehütte und eine kleine Anlegestelle für Boote. Damit waren sie Pioniere des Fremdenverkehrs in Lochau. Nach dem Verkauf entstanden hier 1910 eine Hotelanlage mit Anlegesteg für die Dampfschifffahrt, die See- und Uferpromenade, Kurgarten, Musikhalle und Tennisplätze. Der Hotelier und Besitzer Georg Hauber erhielt sogar eine Audienz bei Kaiser Franz Joseph I. und bekam von ihm die Erlaubnis, sein stolzes Werk »Kaiser-Strand-Palast-Hotel« zu nennen. Selbst Kaiser Karl I., der letzte Monarch der Habsburger, genoss 1917 mit seiner Gattin Zita die Atmosphäre.

Nach Zwischenstationen als Lazarett und Kaserne wurde pünktlich zum Hundertjährigen das umgebaute, erweiterte und modernisierte Gebäude von einer Investorengruppe als nobles Seehotel am Kaiserstrand wiedereröffnet. Eine neue Schiffsanlegestelle, Promenade und Uferradweg gehören zum Ensemble. Das Badehaus, von den Bregenzer Architekten Lang und Schwärzler geplant, bietet bis zu 150 Badegästen auf zwei Ebenen ein Café-Bistro-Restaurant mit Terrasse, Umkleiden, Sanitäranlagen und oben auf dem »Deck« eine Sonnenterrasse mit Liegestühlen und Liegeflächen. Das gelungene Bauwerk erhielt den Vorarlberger Holzbaupreis 2011 in der Kategorie Gewerbebau. Am Abend kann das Badehaus für geschlossene Gesellschaften gemietet werden.

Adresse Seehotel Am Kaiserstrand, Am Kaiserstrand 1, A-6911 Lochau, www.seehotel-kaiserstrand.at | Pkw A 96, Abfahrt Hörbranz, Lindauerstraße | ÖPNV Bahn Rex 5603, S-Bahn Haltestelle Lochau | Öffnungszeiten im Sommer tagsüber 10–18 Uhr für Badegäste, abends für Veranstaltungen, in den Herbst- und Wintermonaten Sa, So, Feiertag 14–17 Uhr Kuchenbuffet, jeden letzten Mittwoch im Monat ab 19 Uhr Jazz und Tapas | Tipp Eine Fahrradtour am Seeufer entlang von Lindau bis Hard ist abseits vom Straßenverkehr ein besonderes Erlebnis.

69__Das Haus des Magiers

Einer der gefragtesten Heiler seiner Zeit

Seine Lehre vom animalischen Magnetismus machte Franz Anton Mesmer einst europaweit bekannt. Er wurde 1734 in dem kleinen Ort Iznang auf der Vorderen Höri am Untersee geboren. Der begabte Sohn eines fürstbischöflichen Forstaufsehers erhält ein Stipendium; er soll Theologie studieren, macht aber seinen Doktor der Philosophie an der Landesuniversität Ingolstadt und 1766 in Wien den der Medizin. Er heiratet eine der reichsten Frauen von Wien, wohnt in einem Palais, ist erfolgreich im Beruf und glänzt in der noblen Gesellschaft. Mit Magneten, aber auch mit den magnetischen Kräften seiner Hände erzielt er in ganz Europa aufsehenerregende Heilerfolge, was ihm auch viele Neider einbringt. Einige der Krankheiten, die er behandelt, werden heute als psychosomatisch eingestuft.

Mesmer setzt auf Hypnose, Suggestion und Handauflegen. Nach seinem Wirken in den vornehmsten Salons europäischer Metropolen kehrt er um 1802 endgültig an den Bodensee zurück. Hier hatte er schon vorher wiederholt Zuflucht vor Verfolgung aufgrund seiner demokratischen Ideen gefunden. Gestorben ist er 1815 in Meersburg. Ein Jahr zuvor hatte er eine Wohnung im ersten Stock eines alten Hauses in der Vorburggasse 11 bezogen, um seine letzte Zeit in der Nähe seiner Schwester und deren Kinder zu verbringen. Das Haus ist heute ein Weinbaumuseum.

Beim Eintritt fällt in der ehemaligen Torkelstube mit der alten Weinpresse aus dem Jahr 1607 der Blick auf das reich verzierte Türkenfass, das 50.000 Liter fasst. Darin wurde der Wein der Deutschordenkommende Mainau gelagert. Im Obergeschoss befinden sich die Pfründnerstuben und die Spitalwohnung, die der Arzt und Magnetiseur bewohnte. Pünktlich zu seinem 200. Todestag soll das Mesmerhaus eine behutsame Restaurierung erfahren. Der Bund stellt aus einem Sonderprogramm zum Denkmalschutz eine größere Summe zur Verfügung.

Adresse Weinbaumuseum oder Mesmerhaus, Vorburggasse 11, D-88709 Meersburg | **Pkw** B 31, dann B 33, links auf Stefan-Lochner Straße, rechts auf Am Stadtgraben, links Kunkelgasse, rechts Marktplatz, links Vorburggasse, rechts halten, Haus auf linker Seite | **ÖPNV** Bahnhof Friedrichshafen, Bus 7395 nach Meersburg, Haltestelle Kirche | **Schiff** Weiße Flotte oder Autofähre von Konstanz | **Öffnungszeiten** April–Okt. Di, Fr, So 14–18 Uhr | **Tipp** In Meersburg sollte man sich unbedingt im Neuen Schloss das Treppenhaus von Balthasar Neumann anschauen.

70 Das Sterbezimmer der Annette von Droste-Hülshoff

Die Dichterin war oft zu Gast in der Alten Burg

Meersburg ist eng mit dem Andenken an die westfälische Dichterin Annette von Droste-Hülshoff verbunden. Dreimal war sie Gast bei ihrer Schwester Jenny und ihrem Schwager, dem Freiherrn Joseph von Laßberg, auf der Alten Burg. Ihr erster Aufenthalt auf der Meersburg gehörte – nicht zuletzt wegen ihres mitgereisten Dichterfreundes Levin Schücking – zu einer ihrer fruchtbarsten Schaffensphasen.

Schücking war nicht nur ein guter Gesprächspartner, er sorgte auch für die Veröffentlichung ihrer Werke. Sie hatte ihn, den 17 Jahre jüngeren geistvollen Literaten, ihrem Schwager Laßberg als Bibliothekar vorgeschlagen. Sie genoss es, abends ihm und ihrer Schwester ihre neuen Gedichte vorzulesen, die zu den besten gehören, die sie jemals geschrieben hat. Seine Abreise traf sie schwer.

Die Droste kehrte zwei weitere Male nach Meersburg zurück: zunächst 1843/44 und schließlich von 1846 bis zu ihrem Tod am 24. Mai 1848. Da bewohnte sie den südöstlichen der beiden Wohntürme, der heute als Droste-Gedenkstätte eingerichtet ist. Er besteht aus drei Räumen, einem Arbeitszimmer im Turm, dem Sterbezimmer und einem Raum mit Erinnerungsstücken. Droste nannte diese Wohnung ihre »Spiegelei«, weil dort zuvor ein Gefängniswärter mit Namen Spiegel gewohnt hatte. Sie schrieb an ihre westfälischen Freunde: »Meine Spiegelei ist ganz reizend, heizt sich vortrefflich, fasst jeden Sonnenblick auf und ist durch einen Widerschein des Sees selbst in den trübsten Tagen immer hell.«

Die ständig etwas kränkelnde Dichterin wurde nur 51 Jahre alt. Ihre Abschiedsworte: »Wenn dann meine Stunde nun geschlagen hat, und von meinem bleichen Munde kaum noch tönt dein Name matt: Ach! dann werd' ich freudig schauen, wie mein Hoffen mag bestehn; denn ein fromm Vertrauen lässt nicht untergehn.«

Adresse Alte Burg, Schlossplatz 10, D-88709 Meersburg | **Pkw** B 31, Abfahrt auf B 33, links zur Altstadt, gleich linker Hand Parkhaus | **ÖPNV** Bahnhof Friedrichshafen oder Überlingen, Bus Seelinie 7395 nach Meersburg | **Schiff**sverbindungen von Konstanz, auch Autofähre | **Öffnungszeiten** März–Okt. 9–18.30 Uhr, Nov.–Feb. 10–18 Uhr | **Tipp** Die Meersburg-Therme hat ein großzügiges Thermalbecken, das mit einem Außenbecken verbunden ist, von dem man einen Blick auf den Bodensee und die Schweizer Alpen genießt. Außerdem gibt es ein Erlebnisbecken, einen Eltern- und Kindbereich und eine Saunawelt.

71 Der Schaugarten

Ein grüner Teppich für Gartenliebhaber

Zum grenzüberschreitenden Garten-Rendezvous laden Besitzer von privaten Gärten oder Parkanlagen am Untersee ein. Auf deutscher und schweizerischer Seite gewinnen so interessierte Besucher Einblicke, die ihnen sonst verschlossen sind. Auch viele professionelle Gärtner beteiligen sich an der Aktion. Eine Broschüre vom Tourismus Untersee stellt insgesamt 34 der Kleinode vor und informiert über Veranstaltungen, Führungen und Besichtigungstermine. Mit dem Fahrrad, zu Fuß, per Schiff, Bahn oder Bus lassen sich die botanischen Sehenswürdigkeiten gut miteinander verbinden.

Einer der Schaugärten ist in Moos-Bankholzen. Regine Ege und Harald Conrad – beide haben nach Gärtnerlehre und mehrjähriger Berufspraxis Landschaftsarchitektur studiert – verwandelten im Herbst 2004 eine verwilderte Obstwiese in einen blühenden Park mit den verschiedenen Gartentypen. Ein diagonaler Rasenweg verbindet als grünes Band Kräuter- und mediterranen Garten, Dschungel, Gemüse- und Terrassengarten. Hinter einer Pergola verbirgt sich der Fruchtgarten, eingefasst von einer Himbeerhecke und einer Reihe Spalierobstbäume. Auf verschiedenen Beeten gedeihen Johannisbeeren und Erdbeeren sowie außergewöhnliche Gemüse- und Salatsorten.

»Wenn ich mit Kunden durchgehe, lasse ich sie erst einmal erzählen«, sagt Regine Ege. Sie möchte deren Stimmungen »herauskitzeln«, herausfinden, ob ihnen als Garten lieber eine »Höhle« oder etwas Luftiges vorschwebt. Danach richtet sich dann ihre Beratung und Planung. Eine rankende Hecke trägt hübsche kleine Beeren in modischen Farben, Lila, Türkisgrün und Blassblau. Das ist die Scheinrebe, erfährt eine Besucherin, die sich ein Zweiglein wie einen aparten Modeschmuck an die Jacke heftet.

Künstler bekommen immer wieder eine Chance, im Schaugarten zwischen den Blumen ihre Werke, wie Holzgebilde, Drahtplastiken oder putzige Minigartenzwerge, auszustellen.

Adresse Regine Ege und Harald Conrad, Schulstraße, D-78345 Moos-Bankholzen, mail@garten-frei-raum.de, www.garten-frei-raum.de | Pkw L 192 Radolfzell – Stein am Rhein bis Moos, Abzweigung Bankholzen | ÖPNV Bahnhof Radolfzell, SBG-Buslinie Richtung Stein am Rhein, Haltestelle Moos-Bankholzen, 200 Meter Fußweg | Öffnungszeiten April – Juli und Sept., Okt. Fr 14 – 18 Uhr, Sa 10 – 16 Uhr | Tipp Die Wasserprozession mit blumengeschmückten Booten von Moos nach Radolfzell findet jährlich am Montag nach dem 3. Julisonntag statt.

72 Die Fischbrutanstalt

Auch Bodenseefische brauchen Pflege

Bereits seit über 100 Jahren werden in den Fischbrutanstalten rund um den See Fische künstlich ausgebrütet. Die Arbeit ist trotz sauberem Seewasser sehr wichtig, denn nur durch menschliches Eingreifen bleibt der Fischreichtum erhalten. Alle Bodenseeanrainer haben sich zur Einhaltung einheitlicher Bewirtschaftungsregeln und zum Fischbesatz verpflichtet.

Eine der sieben Brutstätten betreibt seit 1957 der Freistaat Bayern in Nonnenhorn. Hier werden unter der Leitung von Martin Eberle neben Seeforellen und Seesaiblingen hauptsächlich die Eier von Felchen erbrütet. Die Kapazität liegt bei rund 170 Millionen Felcheneiern und einer knappen Million Seeforellen- und Seesaiblingseiern. Die etwa 1,5 Millimeter großen Felcheneier werden von weiblichen Fischen abgestreift und mit dem Sperma der männlichen Fische befruchtet. Danach werden die Eier in Zugergläser gefüllt und von einem Grad kaltem Wasser durchströmt.

Der Laich wird im Rahmen eines Laichfischfangs durch die Berufsfischer während der Schonzeit gewonnen. Die Entwicklung der Felcheneier dauert etwa drei Monate von Mitte Dezember bis Mitte März. Die frisch geschlüpfte Brut ist nur zehn bis zwölf Millimeter groß, ihr Körper bis auf die Augen durchsichtig. Während die meisten von ihnen dann in den Bodensee entlassen werden, bleiben vier bis fünf Millionen noch bis zu einer Größe von zwei Zentimetern wegen besserer Überlebenschancen in der Brutanstalt.

Die Erbrütung der rund fünf Millimeter großen Seeforellen- und Seesaiblingeier erfolgt in Unterstromapparaten, in denen die Dottersackbrut nach etwa zwei Monaten schlüpft. Diese Jungfische werden in speziellen Rundbecken und zum Teil in Teichen auf dem Gelände der Brutanstalt auf Größen zwischen fünf und 15 Zentimetern Länge vorgestreckt. In größeren Erdteichen werden Seeforellen-Elterntiere gehalten, weil es bei Wildfischen schwieriger ist, an ihren Laich zu kommen.

Adresse Staatliche Fischbrutanstalt Nonnenhorn, Im Paradies 7, D-88149 Nonnenhorn, Tel. +49 (0) 8382/8151 | Pkw B 16 zwischen Lindau und Kressbronn, Abfahrt Nonnenhorn, Mauthausstraße, Sonnenbichlstraße, Seehalde, Im Schneckenwinkel, Conrad-Forster-Straße, rechts Im Paradies | ÖPNV Bahnhof Nonnenhorn, zu Fuß über Schneckenwinkel zur Conrad-Forster-Straße, am Ende rechts | Öffnungszeiten Führungen April–Okt. Mi 10.30 Uhr, zusätzliche Führungen für angemeldete Gruppen | Tipp Zahlreiche Rädlewirtschaften warten in Nonnenhorn auf Liebhaber eines guten Seeweins und zünftiger Brotzeiten.

73 Der Jakobsweg

Wo sich Pilgerwege treffen

Beim Wein- und Pilgerdorf Nonnenhorn, das bereits 910 urkundlich erwähnt wurde, treffen drei Jakobswege zusammen, die von Ulm, Augsburg und München. Vermutlich wurden von hier die Pilger mit Schiffen nach Romanshorn in der Schweiz über den See gefahren, weil das Rheintal mit seinen oft über die Ufer tretenden Flüssen schlecht passierbar war. Als man zu Beginn des 9. Jahrhunderts in Compostela ein frühchristliches Grab gefunden hatte, war man überzeugt, dass es sich um das des heiligen Jakobus des Älteren handelte, der 44 nach Christus als erster Apostel in Jerusalem den Märtyrertod erlitt. Seine Gebeine sollen der Legende nach auf wundersame Weise mit dem Schiff nach Spanien gelangt sein. Neben Rom und Jerusalem entwickelte sich Santiago de Compostela zur wichtigsten Wallfahrtsstätte, zu der sich Pilger aus ganz Europa aufmachten.

Seit einiger Zeit ist Pilgern wieder sehr beliebt. 1987 wurde der Jakobsweg vom Europarat zur ersten europäischen Kulturstraße erklärt. Das Hinweisschild zum Jakobsweg steht auf dem schönen Vorplatz der Nonnenhorner Jakobskapelle neben einem wuchtigen Findling von der Seegfrörne 1880 im Schatten eines mächtigen Mammutbaumes.

Das Kirchlein wurde im 13. Jahrhundert erbaut. Es birgt drei Jakobusdarstellungen. Auf dem rechten Seitenaltar sitzt der Heilige mit seiner Jakobsmuschel am Hut zwischen Petrus und Johannes, seinem Bruder. Das spätgotische Schnitzwerk ist ein Werk von Johannes Ruhland, der auch den Jakobus für die bischöfliche Hauskapelle in Trier gearbeitet hatte.

Für Pilger ist das gastliche Dorf Nonnenhorn mit seinen guten Weinen und Einkehrmöglichkeiten eine ideale Raststation. Es liegt am Nordufer, also auf der Sonnenseite des Bodensees, und ist flächenmäßig die drittkleinste und zugleich südwestlichste Gemeinde Bayerns. Gleich dahinter beginnt mit Kressbronn Baden-Württemberg.

Adresse Kapellenplatz, D-88149 Nonnenhorn, Tel. +49 (0) 8382/887300 | **Pkw** von der B 31 auf die L 16 Mauthausstraße, bei Kreuzung rechts zum Kapellenplatz | **ÖPNV** DB, Haltestelle Nonnenhorn, zu Fuß über die Seehalde zum Kapellenplatz | **Öffnungszeiten** tagsüber, evangelischer Gottesdienst in der Kapelle jeden 1. und 3. Sonntag im Monat (Mai–Sept.) um 8.45 Uhr | **Tipp** Geht man die Straße von der St.-Jakobs-Kapelle weiter, gelangt man zum »alten Torkel«, zur Mammutweinpresse und gegenüber zur Galerie Hedi Probst.

74 Der Torkel

Ein Denkmal der langen Weinseligkeit vor Ort

Die Entstehung des Dorfnamens Nonnenhorn ist nicht eindeutig geklärt. Gab es das vom Grafen von Rätikon nach einem heftigen Sturm auf See versprochene Kloster am Horn? Eine Nonne zumindest ist im Wappen zu sehen, aber Hinweise auf ein Kloster sucht man vergeblich. Auch die Nunen, ein keltischer Stamm am Bodensee, könnten zur Namensgebung beigetragen haben.

Der Wein im Füllhorn des Wappens weist auf eine lange Weintradition hin. Bereits im 9. Jahrhundert bauten Mönche die ersten Reben, den Elbling, an. Der Weinbau hat hier ideale klimatische Bedingungen. Nach den großen Frösten 1956 kam er allerdings weitgehend zum Erliegen, bis der »Weinrevoluzzer von Nonnenhorn« Ulrich Höscheler 1968 mit tatkräftiger Unterstützung fränkischer Weinberater die ersten Stöcke wieder anpflanzte.

Gleich neben seinem Weinfeld steht, geschützt von einem offenen Holzhaus, die älteste und besterhaltene Weinpresse des Bodenseekreises (1591). Sie zeugt von der langen Tradition des Weinbaus. Der Torkel wurde während der Ernte beziehungsweise während der Presszeit von einem vereidigten Torkelmeister und seinen Knechten gehütet.

Größte Sauberkeit war oberstes Gebot, ebenso Zuverlässigkeit beim Abwiegen und Eintragen der Traubenmengen und damit auch der Abgaben an Klöster und Gebietsmächtige. Tag und Nacht musste der Torkelmeister anwesend sein. Sein beheiztes Torkelstübchen, guter Lohn und gutes Essen machten die Abwesenheit von Frau und Kindern erträglich.

Die aus Bütten auf den Presstisch geschütteten Trauben wurden durch das Drücken der Spindel nach oben und durch die Stämme des Torkels gepresst. Ein Vorgang dauerte acht Stunden. Dreimal wurde das Pressgut aufgelockert und umgeschichtet. Aus dem so gewonnenen Most entstand dann durch Gärung ein Wein, der sicher nicht die heutige Qualität hatte.

Adresse Conrad-Forster-Straße, D-88149 Nonnenhorn | **Pkw** B 16 zwischen Lindau und Kressbronn Richtung Friedrichshafen, Abfahrt Nonnenhorn, Mauthausstraße, Sonnenbichlstraße, Im Schneckenwinkel, dann Conrad-Forster-Straße, Torkel auf linker Seite | **ÖPNV** Bahnhof Nonnenhorn, zu Fuß Bahnhofstraße, links zu Im Brachmoos, rechts auf Conrad-Forster-Straße, Torkel auf linker Seite | **Tipp** Spezielle Wein- und Genussführungen bietet Hedi Probst an, zu buchen unter Tel. +49 (0) 08382/997337.

75 Die Otto-Dix-Fenster

Der Menschenfischer

In dem kleinen Ort Kattenhorn, der zur Gemeinde Öhningen auf der Höri gehört, wurde die erste evangelische Kirche der Höri gebaut. Das dem Petrus geweihte Gotteshaus liegt auf einem schönen Platz über dem See und birgt einen besonderen Schatz, nämlich Fenster von Otto Dix. Wilhelm Derix gestaltete sie 1959 nach dessen Entwürfen. Nur eine Stunde nachdem der Pfarrer den Künstler telefonisch darum gebeten hatte, rief der zurück: »Sie können den Entwurf abholen.« Dieser wurde dann aus einer Anzahl von anonymen Vorschlägen mit großer Mehrheit ausgewählt. Die Themen waren vorgegeben; sie sollten mit Petrus verbunden sein.

Das Bild an der Altarwand zeigt den Menschenfischer. So hat Jesus in der Bibel Petrus genannt: Als dieser sich als sündigen Menschen bezeichnete, entgegnete ihm der Herr: »Von nun an wirst du Menschen fischen!« Hier wird der Gottessohn aber selbst als Menschenfischer gezeigt. Oder schaut uns Petrus durch ihn an? Eindeutig ist auch nicht, ob er das Netz an sich zieht oder darbietet.

Das große Fenster zeigt Petrus bitterlich weinend, nachdem er, wie von Jesus prophezeit, seinen Herrn verleugnet hat: »Ehe der Hahn zweimal kräht, wirst du mich dreimal verleugnen.« Der Hahn steht in seiner ganzen Pracht oberhalb des verzweifelten Petrus. Doch dann folgt der Trost durch den auferstandenen Herrn, der seine Wundmale zeigt. Kopf und Hand wendet er dem immer noch zerknirscht dastehenden Petrus zu mit dem Auftrag: »Weide meine Lämmer …«

Otto Dix zählt zu den wichtigsten Künstlern der Moderne. Die Werke des 1891 geborenen Thüringers wurden 1933 von den Nationalsozialisten als »entartete Kunst« diffamiert. Deshalb verließ Dix Dresden und zog zuerst auf Schloss Randegg bei Singen. Mit der Erbschaft seiner Frau konnte er dann ein eigenes Haus in Hemmenhofen auf der Höri bauen, das unter der Leitung des Kunstmuseums Stuttgart im Frühsommer 2013 wiedereröffnet wird.

Adresse Petruskirche, Oberhaldenstraße, D-78337 Öhningen-Kattenhorn | **Pkw** A 81 oder A 98, dann B 33 nach Radolfzell, von dort auf Seestraße L 192 Richtung Stein am Rhein, Kattenhorn links auf Schlossstraße, rechts Oberhaldenstraße | **ÖPNV** Bus 7368 Richtung Stein am Rhein, Haltestelle Kattenhorn-Landstraße | **Öffnungszeiten** im Sommer tagsüber | **Tipp** Bei einem Bummel durch den Ort Kattenhorn entdeckt man viele hübsche Häuser, teilweise mit Schildern versehen, die etwas über Entstehung oder Besitzer erzählen.

76__ s'Lädele

Die Dorfbewohner auf der Höri wussten sich zu helfen

In Schienen steht mitten im Dorf ein kleines Haus mit großen Schaufenstern und einer grün-weiß gestreiften Markise, in deren Schatten Obst und Gemüse ausliegen. Ein Emblem mit der Aufschrift »s'Lädele« weist darauf hin. Über der Eingangstür steht geschrieben: »Produkte der Halbinsel Höri«.

Schienen liegt idyllisch zwischen Wald und Wiesen, am Hang des 700 Meter hohen Schiener Berges auf der Höri, einer dreieckig in den westlichen Bodensee hineinragenden Landzunge. Der Schiener Berg trennt als markanter Bergrücken den Zeller Seeteil vom Untersee. Die Gegend gilt als Wanderparadies. 2005 gab es hier plötzlich keinen Dorfladen mehr. Was macht man ohne Auto, wenn der nächste Supermarkt in Moos zehn Kilometer entfernt ist?

Die Bewohner taten sich zusammen und gründeten eine Genossenschaft, die auf 50 Quadratmetern einen Laden im früheren Milchhäusle eröffnete, worin noch bis in die 70er Jahre die Milch von den Höfen zwischen Öhningen und Radolfzell gesammelt wurde.

Hierher bringen nun an die 20 Zulieferer aus der direkten Umgebung die Schätze der fruchtbaren Halbinsel. Ein Fischer vom Untersee seine Fische, die Landwirte liefern frisch vom Feld Obst und alle Sorten Gemüse, Eier, krachfrisches Holzofenbrot, Lammfleisch und Schinken. Außer diesen Grundnahrungsmitteln gibt es im Lädele Dinge des täglichen Bedarfs, wie Haarwaschmittel, Klebstoff, Zündhölzer; zwar nicht von verschiedenen Marken, dafür aber zum fairen Preis. Außerdem ist durch die starke Reduzierung des Warenangebots die Versuchung durch Lockangebote nicht gegeben.

Zwei Halbtagskräfte und eine Aushilfe – sowie etliche Ehrenamtliche, wenn es ans Einräumen geht – halten den Laden in Schwung. Abgesehen davon, dass man als Genosse bevorzugt im »eigenen Laden« einkauft, ist das Lädele auch ein Ort der Begegnung, gerade für allein lebende ältere Menschen, aber auch für die Jugend.

Adresse s'Lädele Verbrauchergenossenschaft eG, Schienerbergstraße 3, D-78337 Öhningen-Schienen, www.laedele-schienen.de | **Pkw** A 81, Ausfahrt Singen-Radolfzell, auf L 192 bis Moos, dann rechts abbiegen auf die L 193/Schienerbergstraße bis Ortsmitte Schienen | **ÖPNV** Bus 7368 vom Bahnhof Radolfzell Richtung Stein am Rhein, umsteigen in Moos in Sammeltaxi, Tel. +49 (0) 7732/8000 | **Öffnungszeiten** Mo–Fr 7.30–12.30 Uhr und 17–19 Uhr, Sa 7.30–12.30 Uhr | **Tipp** Das kleine Bergdorf Schienen hat eine sehenswerte romanische Kirche mit einem originellen Dachreiter.

77__Der Fischfang

Fischen auf dem Rheinsee

Es ist noch dunkel und kalt, wenn Fischer Martin Dietrich frühmorgens mit seinem Boot vom Steg in Stiegen ablegt, um seine Netze einzuholen, die er am Nachmittag des Vortages gesetzt hat. Die kleine Siedlung kurz vor der Grenze zur Schweiz liegt am westlichen Ausfluss des Bodensees, der hier trichterförmig eng wird. Dadurch ergeben sich Untiefen, Kiesbänke und quer zur Flussrichtung laufende Strömungen. Seit ewigen Zeiten ein idealer Ort für den Fischfang. Das Fischereirecht wurde von Generation zu Generation an wenige Stiegener Familien weitergegeben. Jetzt liegt es in der Hand von Vater und Sohn Dietrich, die damit zwei Patente besitzen. Zwischen den Anliegerstaaten ist die Fischerei durch ein Abkommen gesetzlich geregelt.

Hans Dietrich ist Jahrgang 1929. Daher überlässt er jetzt seinem Sohn Martin überwiegend die Seearbeit wie Netze setzen und wieder einholen. Er kümmert sich um das Ausnehmen der Fische und um die Reparatur oder Neuherstellung der Netze, die meist nicht länger als ein halbes Jahr halten. Oft werden sie auch von gedankenlosen Wasserskifahrern zerstört. Netzgröße und Maschenweite sind je nach Fischart vorgeschrieben.

»Die letzten zwei Jahre hatten wir gute Fänge an Felchen und Kretzer (Barsch oder Egli)«, sagt Martin Dietrich. Außerdem holt er auch Aal und Hecht aus dem Rheinsee. Die seltener gewordenen und vom Aussterben bedrohten Äschen dürfen nicht mehr gefischt werden. Sie werden oft eine Beute der Kormorane, die zum Ärger der Fischer immer zahlreicher aufkreuzen. Durch den fortschreitenden Rückgang des Phosphatgehaltes im See ist auch ein geringerer Ertrag bei Felchen zu erwarten.

Feriengäste haben die Möglichkeit, Fischer Martin Dietrich morgens in einem zweiten Boot zu begleiten. Wenn dann das dritte Netz mit einer Menge zappelnder Felchen und Kretzer eingeholt ist, geht es zum üppigen Fischerfrühstück auf den Steg von Stiegen.

Adresse Seeufer, D-78337 Öhningen-Stiegen | Pkw A 81 oder A 98, auf B 33 nach Radolfzell, dann Straße L 192 Richtung Stein am Rhein, kurz vor der Grenze links ab auf Rheinstraße | ÖPNV Bahnhof Radolfzell, Bus 7368 Richtung Stein am Rhein, Haltestelle Öhningen-Stiegen | Öffnungszeiten Ausfahrt mit dem Fischer: zu buchen über Hotel Gasthaus Hirschen, Kirchgasse 1, D-78343 Gaienhofen, Tel. +49(0) 7735 / 93380, info@hotelhirschen-bodensee.de, www.hotelhirschen-bodensee.de | Tipp Die nahe Schweizer Stadt Stein am Rhein hat viele schöne Bürgerhäuser mit bemalten Fassaden und Erkern.

78 Das Bootsstüble

Übernachten im Zirkuswagen

Das Bootsstüble in Wangen auf der Halbinsel Höri bietet Kleinkunst, Theater und organisiert Bootstouren. Besonders originell ist aber das Übernachtungsangebot der Familie Floetemeyer: Ein hübsch hergerichteter Zirkuswagen steht hinter dem Haus für Gäste bereit. Ausgestattet mit einem 1,40 Meter breiten Bett, einer Schreibecke, Küchenzeile und einem Holzofen. Außen ist er kräftig blau angemalt, innen überwiegend weiß. Eine Nacht darin lässt Jugendträume vom Zirkusleben wahr werden. Diesen kuriosen Zirkuswagen haben die Floetemeyers einst vom Zirkus Resolino übernommen und viele Jahre selbst darin gewohnt.

Vera Floetemeyer-Löbe hatte in Großbritannien Bildhauerei studiert. Ihr Lehrer dort war Rudolf Kaesbach, dessen Großvater einst Künstler wie Otto Dix auf die Höri geholt hatte. Nach dem Studium begann sie ein Praktikum bei einem Steinmetz und anschließend bei dem Bootsbauer Ekkehard Floetemeyer, mit dem sie jetzt verheiratet ist und zwei Söhne hat. Ekkehard Floetemeyers Leidenschaft ist es, alte Boote zu restaurieren. Davon stehen auch etliche in der Scheune des Bootsstüble. Außerdem werden Kanus und Kanadier zum Wasserwandern auf Untersee und Hochrhein vermietet, mit und ohne Tourenführer.

Vor 16 Jahren richtete das Ehepaar eine Kleinkunstbühne in der großen Scheune ein, um dem Bedürfnis vieler Städter, die ihre Ferienhäuser auf der Höri haben, nach einem Kulturangebot entgegenzukommen. »Die Künstler sind ohne Gage aufgetreten. Gesammelt wurde nach dem Milchkannenprinzip. Als Gegenleistung boten wir eine Übernachtung im Zirkuswagen, Bootfahren oder Mitbenutzung meines Ateliers«, sagt Vera Floetemeyer-Löbe.

Für kreative Menschen, die gern im Zirkuswagen wohnen, bietet sie gegen eine geringe Gebühr Mitarbeit in ihrem Atelier an, wobei Material nach Absprache gestellt oder mitgebracht wird. Für langfristige Projekte kann auch das Traktorhäuschen besetzt werden.

Adresse Bootsstüble Wangen, Seeweg 13, D-78337 Öhningen-Wangen, flaschenpost@bootsstueble-wangen.de, www.bootsstueble-wangen.de | Pkw A 98, A 81, Abfahrt auf B 33 Singen-Radolfzell, Uferstraße L 192 bis Wangen, dann Seeweg | ÖPNV Busse von Singen oder Radolfzell Richtung Stein am Rhein | Öffnungszeiten für Veranstaltungen und Feste ist die Seescheune mit Blick auf den See für 40 Personen zu mieten, Kulturscheune bis zu 120 Personen | Tipp Beim Bootsstüble ein Boot mieten und in Richtung Hochrhein paddeln. Auf Wunsch wird man dann zurückgeholt, weil die Strömung sehr stark ist.

79 Der jüdische Friedhof

Zeuge eines traurigen Kapitels aus der Vergangenheit

Der jüdische Friedhof in Wangen ist nur schwer zu finden, denn er liegt oberhalb des Ortes versteckt im Wald. Hinweisschilder sind keine zu sehen. Das hat sicher seine Gründe: Er wurde Anfang der 90er Jahre einmal verwüstet. Fährt man aus der Ortsmitte die kleine Straße hoch, die nach Schienen führt, zweigt rechts ein Hohlweg ab. Ungefähr 100 Meter nach Ende der Schlucht geht links ein Weg ab. Dort steht ein Holzpfahl mit zwei Hinweisschildern nach Hemmenhofen und Dobel. Geht man entgegengesetzt zu ihrer Pfeilrichtung den Weg hinauf, so wird nach der ersten Kurve das Friedhofstor sichtbar.

Unter hochstämmigem Laub – und Nadelbäumen, durch die in der Ferne der See blau schimmert – reihen sich die bereits leicht verwitterten und verschieden gestalteten alten Grabsteine. Zwei neuere heben sich von ihnen ab. Auf dem einen steht: »Dr. Nathan Wolf, Arzt in Wangen, gestorben am 29.12.1970. Hier ruht der letzte Jude des Dorfes. Bald wird Gebüsch den Stein bedecken. Doch wird sein Grab nicht vergessen werden. Denn mehr als er liegt hier begraben.« Davon zeugen kleine Steine am Fuß des Grabsteins, die nach jüdischer Sitte bei Besuchen abgelegt werden.

Seit dem 17. Jahrhundert lebten die Bewohner von Wangen mit Juden friedlich nebeneinander. Die jüdische Gemeinde zählte 1865 mehr als 200 Mitglieder, zu denen auch Vorfahren von Albert Einstein gehörten. Aus dieser Zeit stammt die Mehrzahl der Grabsteine auf dem Friedhof. Das friedliche Nebeneinander endete jäh mit der Machtergreifung der Nationalsozialisten 1933. Von den 20 damals noch in Wangen lebenden Juden wanderten die meisten aus. Sieben blieben und wurden 1940 deportiert, nur zwei überlebten. Vom letzten Wangener Juden, der 1945 mit seiner Schwester Selma aus dem Schweizer Exil wieder zurückgekommen war, künden die beiden neueren Grabsteine. An die 1938 zerstörte Synagoge erinnert im Ort eine Gedenktafel.

Adresse Im Wald oberhalb von Wangen, D-78337 Öhningen-Wangen | Pkw A 98, A 81, Abfahrt B 33 Singen-Radolfzell, Uferstraße L 192, Richtung Stein am Rhein bis Wangen | ÖPNV Busse von Singen oder Radolfzell Richtung Stein am Rhein, Nummer 7368 | Tipp Aus der Zeit, als viele Juden in Wangen lebten, gibt es noch etliche ihrer Wohnhäuser, zu erkennen an den Walmdächern.

80 Die prähistorischen Pfahlbauten

Nur ein paar Pfähle im Wasser …

»Prähistorische Pfahlbauten gehören zu den wichtigsten archäologischen Quellen für die frühe Menschheitsgeschichte des 5. bis 1. Jahrtausends vor Christus«, sagt der Leiter des Baden-Württembergischen Denkmalamtes Professor Dr. Claus Wolf. Im Juni 2011 wurden sie als UNESCO-Welterbe ausgezeichnet. Von 111 dieser Welterbestätten um die Alpen befinden sich 15 am Bodensee sowie in den Mooren und Kleinseen von Oberschwaben.

Im Jahr 1856 wurde Wangen-Hinterhorn als erste prähistorische Seeufersiedlung in der Flachwasserzone am Bodensee von Kaspar Löhle entdeckt. Die Funde landeten in verschiedenen deutschen Museen, auch in französischen und britischen. Die Schichtenfolge zeigt drei Siedlungsphasen. Große Teile der Kulturschichten mit Resten verbrannter Häuser und außerordentlich gut erhaltenen Textilien ruhen in Wangen immer noch ungestört im Seeboden, gesichert mit Geotextil und Kies. Zum größten Teil liegt die Fundstelle in geschützter Lage unter dem vorspringenden Horn und ohnehin im Natur- und Landschaftsschutzgebiet, in dem nicht geankert werden darf. Unter Wasser und im Moor unter Sauerstoffabschluss können auch vergängliche Materialien jahrtausendelang überdauern. Viele Funde stehen in ihrer Aussagekraft der Ausrüstung ihres Zeitgenossen, des Gletschermannes »Ötzi«, in nichts nach; sie machen eine detaillierte Rekonstruktion der Vergangenheit möglich.

Der Nachbau eines Pfahlbaus und etliche Funde, wie Keramiken und textile Teile, wie der Hut eines Pfahlbaubewohners, sind in dem kleinen Museum Fischerhaus an der Uferstraße zu sehen. In Unteruhldingen wurden Pfahlbauten in 300 Metern Entfernung von den originalen Siedlungen, die sich auch dort unter Wasser befinden, für interessierte Besucher rekonstruiert. Das hat man in Wangen nicht getan. Dort ragen symbolisch einige kurze Pfähle aus dem Wasser.

Adresse Wangen-Hinterhorn, D-78337 Öhningen-Wangen | Pkw A 98, A 81, Abfahrt B 33 Singen – Radolfzell, Uferstraße L 192 Richtung Öhningen | ÖPNV Busse von Singen oder Radolfzell Richtung Stein am Rhein, Haltestelle Wangen-Ortsmitte | Tipp Das Museum Fischerhaus am Seeweg birgt viele interessante Funde von den Pfahlbauten und außerdem Versteinerungen aus den Öhninger Schichten (geöffnet von Ende März bis Mitte Oktober jeweils von Dienstag bis Samstag 11 bis 17 Uhr und an Sonn- und Feiertagen 14 bis 17 Uhr).

81 Die Liebesinsel

Keine Landung mehr erlaubt

Die abgeschiedene Liebesinsel im Zeller Seearm des Gnadensees vor Radolfzell hat ihren Namen nicht von ungefähr. So manches Paar soll sich auf ihr vergnügt haben. Sie war im Jahr 1956 sogar Drehort für die Liebesnacht in dem Heimatfilm »Die Fischerin vom Bodensee«, der die Geschichte eines unehelich geborenen Fischermädchens erzählt, das bei seinem Großvater aufwächst und täglich wie seine Vorfahren zum Fischfang ausfährt. Den Männern gegenüber zeigt sich die junge Frau unnahbar, weil sie glaubt, dass die sie nur für eine leichte Beute halten. Unter der Regie von Harald Reinl wurde auf der Liebesinsel mit den Hauptdarstellern Marianne Hold und Gerhard Riedmann gedreht. Dafür sollen sogar Papierblumen in den Bäumen befestigt worden sein. Im Film sitzt Maria, die Fischerin vom Bodensee, gern am Abend allein auf der Insel. Der in sie verliebte Hans entdeckt sie dort und löst die Leinen ihres Bootes, sodass die scheue junge Frau nicht fliehen kann. Er überzeugt sie von der Echtheit seiner Gefühle. Nach der gemeinsamen romantischen Nacht unterm Sternenhimmel macht er ihr einen Heiratsantrag, obwohl seine Eltern dagegen sind.

Für solche Zwecke darf die Liebesinsel nicht mehr benutzt werden. Sie steht jetzt, wie Teile der benachbarten Halbinsel Mettnau, unter Naturschutz. Als sie neu vermessen werden sollte, geschah dies extra im Winter, um Flora und Fauna nicht zu stören. Das Ergebnis vom 16. Januar 2012: Die Fläche der kleinen Insel beträgt 2.620 Quadratmeter bei einer Länge von 97 Metern und einer maximalen Breite von 15 Metern.

Diese Maße haben früher segelnde oder Kanu fahrende Jugendliche aus der Umgebung wenig interessiert. Ihnen machte es einfach Spaß, in der dschungelartigen Wildnis auf der Liebesinsel, fernab von Elternhaus und ohne Aufsicht, ein paar Ferientage beim Zelten zu verbringen. Auch das ist heute aus Rücksicht auf die Natur nicht mehr erlaubt.

Adresse 200 Meter südwestlich der Halbinsel Mettnau vor D-78315 Radolfzell im Zeller Seearm des Bodensees, mit Booten Abstand halten | Tipp Radolfzell zeigt seine schönste Seite vom See her. Nach der Sanierung der Altstadt wurde eine naturnahe Uferanlage gestaltet, die von der futuristisch anmutenden Architektur des Konzertsegels geprägt ist. In der wärmeren Jahreszeit finden hier musikalische Veranstaltungen statt.

82 Der Mettnau-Turm

Wo Wasservögel sorglos brüten

Vom Wasser aus ist er zuerst nicht zu sehen: Der 18 Meter hohe Mettnau-Turm, der von den Einheimischen meist noch Finckh-Turm genannt wird. Benannt war er nach dem Heimatdichter Ludwig Finckh, der sich in Gaienhofen auf der Höri niedergelassen hatte und seit Jugendjahren mit Hermann Hesse befreundet war, der ebenfalls dort eine Zeit lang lebte. Aufgrund von Finckhs Gefolgschaft für Adolf Hitler hat man den Turm vor einigen Jahren umbenannt.

Auf der vorderen Hälfte der Halbinsel befinden sich die Kurkliniken. Das Anlegen mit Booten im Naturschutzgebiet der Halbinsel Mettnau wird nicht gern gesehen. Doch der Pfad bis zum Aussichtsturm ist ganzjährig begehbar. Von seiner Höhe bietet sich ein phantastischer Rundblick auf das Ried und die verschiedenen Teile des Bodensees: im Norden der Markelfinger Winkel, der Untersee im Süden mit Zeller See, Gnadensee und dem eigentlichen Untersee. Außerdem sieht man die Insel Reichenau, den Hegau, den Thurgauer Seerücken der Schweiz und die Schweizer Ostalpen mit ihrer höchsten Erhebung, dem Säntis. Tafeln informieren nicht nur über die Landschaft, sondern auch über das Naturschutzgebiet Mettnau, das seit 1926 besteht, aber erst 1984 auf seine jetzige Größe von 140 Hektar erweitert wurde. Ein bei Aufschüttungsarbeiten entstandener Teich bietet hier das bedeutendste Brutgebiet für Wasservögel, denn es gibt keine Schwankungen des Wasserstandes wie beim Bodensee: Ob am Ufer Gebüsch wächst, ob die Lungenenziane blühen oder der Teichrohrsänger sein Nest baut, all das ist eine Frage von Zentimetern. Die äußerste Mettnauspitze wird zwischen dem 15. April und 31. August vom Naturschutzzentrum ab Mettnau-Turm mit einem Tor versperrt, um die störungsfreie Brut und Jungenaufzucht der dort lebenden seltenen Vögel zu gewährleisten. Später im Jahr bilden die Flachwasserzonen der Halbinsel für zahlreiche Arten Rastplatz und Durchzugsgebiet.

Adresse Halbinsel Mettnau, östlich von D-78315 Radolfzell | Pkw B 31, B 34 bis Radolfzell, Kreisel Schützenstraße, die 3. Ausfahrt K 61709, Radolfzeller Straße, Konstanzer Straße, links Strandbadstraße | ÖPNV Bahnstation Radolfzell, Bus 5, Haltestelle Mettnaustraße | Tipp Die Stadt Radolfzell blickt auf eine nahezu 1.200-jährige Geschichte zurück. Von einer Fischer- und Weinbausiedlung entwickelte sie sich zum Mittelpunkt der Region Untersee. Daher sollte man unbedingt einen geführten Rundgang durch die historische Altstadt mitmachen.

83 Steine in Balance

Der Schlüssel zum Glück

Sepp (Josef) Bögle ist von April bis Oktober an der mit Platanen gesäumten Mole des Hafens von Radolfzell anzutreffen. Genauer gesagt am letzten Baum. Dort baut er seit 1997 mit viel Geduld am Ufer des Zeller Sees Tag für Tag seine kunstvollen Steinfiguren auf – falls es nicht regnet. Der bärtige Mann mit dem langen weißen Haar türmt mit viel Fingerspitzengefühl mehrere Steine aufeinander, die sich mit der kleinstmöglichen Fläche berühren und sich allein durch die Schwerkraft in der Balance halten. Am Abend baut er sie wieder ab, damit sie niemandem, der testet, ob nicht doch Kleber dazwischen ist, die Zehen zerquetschen. Bögle ist überzeugt, dass die Steine ein gutes Mittel sind, um das Interesse der Menschen zu wecken. »Über die Steine komme ich mit den Leuten ins Gespräch. Ich duze sie alle. Das Du ist die Sprache des Herzens. Da ich gern mit dem Herzen spreche …«

Ursprünglich hatte er einen ganz bürgerlichen Beruf. Er war gelernter Kaufmann und Koch, trug Anzug und Krawatte, hatte Familie, Haus, Auto, Pilotenschein. Doch vom Profitstreben, Karrieredenken und Leistungsdruck hat er sich frei gemacht. In der Einfachheit liegt für ihn der Schlüssel zum Glück. »Von den Steinen habe ich gelernt, Geduld zu haben, Ruhe zu finden. Die Steine übertragen ihre Ruhe und Gelassenheit auf mich.« Das hat er, wie er sagt, »kapiert«. Als er in den 70er Jahren mit dem Fahrrad durch Indien zog, sei er nur einem damaligen Trend gefolgt.

Die Botschaft der Steine gibt er gern an seine Besucher weiter: »Bringt euch in Balance, und Ruhe wird einkehren. Findet eure Mitte, und alles wird mit Leichtigkeit funktionieren. Mit Zweifel gelingt nix!«

Im Oktober packt der Lebenskünstler seine ganze Habe in einen Koffer, verlässt das Radolfzeller Zimmer im Hotel Adler und fliegt bis zum Frühling nach Lanzarote in sein Häuschen. Dort hat er dann die Muße, seine Lebensweisheiten aufzuschreiben.

Adresse An der Mole, letzter Baum, D-78315 Radolfzell | Pkw A 81 oder A 98, Abfahrt auf B 33 nach Radolfzell, L 220, Güttinger Straße, Luisenplatz, Bahnhof, nur wenige Meter zum Hafen und der Mole | ÖPNV Bahnhof am Hafen | Öffnungszeiten April–Okt. | Tipp Radolfzell ist ein idealer Ausgangspunkt zur malerischen Halbinsel Höri, auf der sich viele Künstler niedergelassen haben.

84__Das Humpis-Quartier

»A bitzle Geld« und ein »doppelt Häs«

Inmitten der Altstadt von Ravensburg befindet sich das Museum Humpis-Quartier in einem der besterhaltenen mittelalterlichen Wohnquartiere Süddeutschlands. Die Fernhandelsfamilie Humpis hat dem Ensemble aus sieben Gebäuden um einen Innenhof im 15. Jahrhundert die heutige Gestalt gegeben. »Das Gebäude ist unser Hauptexponat«, sagt Vesna Babic von der Museumsleitung. Der ungewöhnliche Ort erlaubt eine spannende Zeitreise durch die städtische Kulturgeschichte vom 11. bis zum 21. Jahrhundert.

Im Rahmen des EU-Projekts »Die Schwabenkinder« setzen sich drei »wundersame Kammern« in einer Dauerausstellung mit dem Thema auseinander. Sie beleuchten den Ravensburger Hütekindermarkt in der Bachstraße und die Arbeit der Schwabenkinder – acht- bis 14-jährige Jungen und Mädchen, die alljährlich im Frühjahr aus den Alpenregionen nach Ravensburg kamen, um als preiswerte Arbeitskräfte an oberschwäbische Bauern vermittelt zu werden. Der Besucher erfährt vom beschwerlichen Weg der Kinder aus Vorarlberg, Graubünden und Tirol, sogar aus Südtirol und Trient, von ihrem Heimweh, ihren Sorgen und Nöten. Weitere Kindermärkte gab es noch in Friedrichshafen, Tettnang, Pfullendorf, Wangen, Waldsee und Überlingen.

Man erlebt die beklemmende Situation auf dem Schwabenkindermarkt des 19. Jahrhunderts und macht Bekanntschaft mit ihren Erlebnissen: Mittels Hörspielen erhält der Besucher Einblick in die Gedanken- und Gefühlswelt der Kinder, die oft bis zu 250 Kilometer zurückgelegt hatten und dann schwer arbeiten mussten. Es gab tragische Fälle von Ausbeutung. Der Lohn bestand aus einer täglichen Mahlzeit, ein bisschen Geld beim Abschied im November und eventuell einem neuen »Häs« (Gewand). Pressestimmen sprachen damals schon von »Sklavenmarkt«. Der Vorarlberger Elmar Bereuter hat die Geschichte der Schwabenkinder erforscht und ihnen in einem Roman ein literarisches Denkmal gesetzt.

Adresse Museum Humpis-Quartier, Marktstraße 45, D-88212 Ravensburg-Innenstadt, www.museum-humpis-quartier.de | Pkw B 31, B 30 oder B 467, in die Parkhäuser am Marienplatz oder am Gänsbühl-Center | ÖPNV Bahnhof Ravensburg, mit dem Interregio oder Regionalbahn, 15 Minuten zu Fuß zur Marktstraße | Öffnungszeiten Di–So 11–18 Uhr, Do 11–20 Uhr | Tipp Direkt gegenüber befindet sich das Ravensburger Spielemuseum, in dem man sich gut und gern einen ganzen Tag aufhalten könnte.

85__Der Laden »African Queen«

Eine fremdartige Welt im oberschwäbischen Städtchen

Ravensburg, unweit vom Bodensee im Dreiländereck, war schon sehr früh durch Handelsbeziehungen mit fernen Ländern verbunden. So wundert es dort niemanden, dass zwischen den mittelalterlich geprägten Häusern der Altstadt ein exotisch bunter Laden mit Restaurant aufgemacht hat.

Ein Stück Afrika in ihrer oberschwäbischen Heimat, diesen Traum verwirklichte sich Martina Heiler, die sich, wie sie sagt, immer schon zu Afrika hingezogen fühlte. Sie kann sich selbst nur schwer erklären, wieso: »Als ich das erste Mal in Afrika war, fühlte ich mich, als wäre ich zu Hause angekommen. Vielleicht war ich dort in einem früheren Leben. Sicher war ich mal schwarz.« Zehn Jahre lang hatte sie ehrenamtlich afrikanischen Emigranten in Ravensburg geholfen, bei der Wohnungssuche, mit den Papieren für die Behörden und bei der Verständigung. So kam sie dann auf Einladung zum ersten Mal nach Gambia, das sie mit Hilfe der Einheimischen ganz anders kennenlernte als ein Tourist. Inzwischen fährt sie zum Einkaufen lieber nach Marrakesch.

Im Jahr 2007 eröffnete Martina Heiler den Laden in Ravensburg. Zusammen mit ihrer Schwester beschäftigt sie drei Hilfskräfte aus Gambia und eine Frau aus Namibia. Sie sind seit fünf Jahren das gleiche Team. Koch Musa Jeng bereitet jeden Tag zwischen 12 und 15 Uhr den afrikanischen Mittagstisch mit drei verschiedenen Gerichten, davon eins vegetarisch. Auch ein Catering für 150 Personen ist für das eingespielte Team kein Problem.

In und vor dem Geschäft leuchten in fröhlich bunten Farben Gewänder, Tücher und Taschen. Auch Gewürze, Kosmetik, Modeschmuck, Holzmasken und Trommeln gehören zum Angebot. Das Ganze hat sich aufgrund seiner Atmosphäre zum Erfolgsmodell entwickelt, wie an den vielen Kunden zu erkennen ist. Weil der soziale Aspekt für Martina Heiler wichtig ist, unterstützt sie mit Hilfe einer Spendenkasse Notleidende, vor allem Kinder in Afrika.

Adresse Herrenstraße, D-88212 Ravensburg-Innenstadt, Tel. +49 (0) 751/3544360, martina.afrika@web.de | **Pkw** B 31, dann B 33 oder B 467, unbedingt im Zentrum in eine Tiefgarage | **ÖPNV** Bahn mit IC, IR, R, Bus-Haltestellen am Marienplatz oder Gänsbühlzentrum | **Öffnungszeiten** Mo – Fr 10 – 18 Uhr, Sa 10 – 16 Uhr | **Tipp** Ravensburgs historische Altstadt ist weitgehend erhalten. Der Marienplatz teilt sie in die Oberstadt mit großen Patrizierhäusern und die Unterstadt mit kleineren Handwerkerhäusern.

86__Das Museum Ravensburger

Eine innovative Museums-Rallye

Hinter den altehrwürdigen Mauern zweier Patrizierhäuser in der Ravensburger Altstadt öffnet sich ein topmodernes Spielemuseum, das für Kinder, Jugendliche und Erwachsene gleichermaßen interessant ist. Die interaktive Ausstellung auf drei Stockwerken und rund 1.000 Quadratmetern führt hier auf eine Entdeckungsreise durch die Geschichte und Gegenwart der Marke mit dem blauen Dreieck: Die Entwicklung des Unternehmens von der kleinen Buchhandlung zum weltweit bekannten Verlagshaus – unter anderem mit einer Rekonstruktion des Büros von Firmengründer Otto Maier und einem Blick hinter die Kulissen der Fertigung. Auch die Meilensteine der Verlagsgeschichte haben ihren Platz: Das erste Gesellschaftsspiel des Hauses, »Reise um die Erde« (1884), ist ebenso zu sehen wie der Klassiker »Fang den Hut!« in seiner Erstauflage (1927) und die Buchbestseller »Die Welle« (1984) und »Die Wolke« (1987). Der »Leserabe« lädt in sein Nest ein und erzählt dort spannende Geschichten. In der neu gestalteten Spiel-Lounge können die Besucher stundenlang beliebte Familien- und Kinderspiele ausprobieren.

Ganz neu ist die Möglichkeit der Museums-Rallye. Dafür bekommen die jungen Besucher einen schlauen Begleiter. Der tiptoi, das audiodigitale Lernsystem vom Ravensburger Verlag, wird zum Museumsguide. Drei Versionen für die Altersstufen 4 bis 7 Jahre, 8 bis 12 Jahre und 13 bis 17 Jahre stehen bereit. Für Eltern gibt es die Möglichkeit, die Kinder mit einem zusätzlichen Kopfhörer zu begleiten. Mit dem orangefarbenen Stift berühren die Kinder bei den einzelnen Stationen einen Marker, hören zu, was erzählt wird. Die dann gestellten Quizfragen beantworten sie mit Antippen der Lösung auf der umgehängten Karte. Falls sie unkonzentriert waren, gibt es auch die Möglichkeit der Wiederholung. Wer alle Fragen richtig beantwortet hat, wird mit einer Urkunde und einem kleinen Geschenk belohnt.

Adresse Marktstraße 26, D-88212 Ravensburg-Innenstadt, Museum Ravensburger, Tel. +49 (0) 751/861377, museum@ravensburger.de, www.museum-ravensburger.de | Pkw Richtung Ravensburg-Innenstadt dem Parkleitsystem folgen ins Parkhaus P4 Rauenegg, alternativ ins P5 Gänsbühlzentrum oder P1 Marienplatz | ÖPNV Bushaltestellen am Marienplatz oder am Gänsbühlzentrum (jeweils circa 300 Meter). Der Bahnhof ist 15 Minuten Fußweg vom Museum Ravensburger entfernt (Bahnhof–Eisenbahnstraße–Marienplatz–Marktstraße). | Öffnungszeiten Jan.–März 11–18 Uhr, April–Sept. 10–18 Uhr, Okt.–Dez. 11–18 Uhr, montags Ruhetag | Tipp Einer der zahlreichen Türme von Ravensburg ist der »Mehlsack«, der auf dem höchsten Punkt der Altstadt steht. Er kann Samstag und Sonntag von 10 bis 15 Uhr bestiegen werden.

87_Der Hexenschnitzer

Ein Spezialist für schaurig schöne Masken

Schon das Tor zur Werkstatt des Schreinermeisters ist großflächig mit Masken bemalt. Jogi Weiß – eigentlich heißt er Jürgen – ist begeisterter Schnitzer alemannischer Fasnachtsmasken.

Bei der Fasnet im Südwesten ist es Brauch, dass der Narr sein Gesicht hinter einer hölzernen Maske versteckt, die freundlich lächelnd aussehen kann, aber auch schaurig hässlich wie eine Hexe. Das Kostüm, hier auch Häs genannt, verbirgt den Träger ganz; man kann nur raten, ob Männlein oder Weiblein darunter steckt. Der Brauch geht aufs 12. Jahrhundert zurück. Da sollte sich der Sünder vor dem Fasten noch einmal richtig austoben können.

Inzwischen wächst die Zahl der straff organisierten Narrenzünfte und Fasnachtsvereine. Gut für das Geschäft von Jogi Weiß. In den Monaten vor der Fasnet fertigt er für über 60 Vereine neue Masken. Keine sieht genau aus wie die andere, obwohl beim Schnitzen das Vorbild danebenliegt.

Bei einer Neuerfindung fertigt er den Prototyp erst aus hartem Lindenholz. Weitere Exemplare schneidet er aus weicherem Holz mit der Fräse aus. Für die Feinarbeit, die Furchen, Warzen oder die glatten Stellen braucht Weiß wieder das Schnitzmesser. Auch die Bemalung macht der Meister selbst. Sieht man den »Mehlsackbohle«, eine seiner Neuschöpfungen, auf die er besonders stolz ist, so wird sein Ausspruch verständlich: »Du schnitzt dich selber mit nei', mal grantiger, mal luschtiger.« Auf jeden Fall zeigt diese Maske ein ähnliches verschmitztes Lächeln wie er selbst. Den »Mehlsackbohle« hat er nur für die Umzüge von Ravensburg und Weingarten kreiert. Die Nase des Bohle, in der Mundart wird so ein Kater genannt, besteht aus einem der Türme von Ravensburg, der im Volksmund »Mehlsack« heißt.

Für solch eine handgefertigte Maske verlangt er um die 250 Euro. Würde er die Arbeitszeit berechnen, müsste er eigentlich das Doppelte verlangen.

Adresse Jogi Weiß, Holzschnitzereien und Schreinerei, Kemmerlanger Straße 8, D-88214 Ravensburg-Oberhofen, Tel. +49 (0) 0751/66222 | Pkw von Ravensburg Stadtmitte auf Seestraße, links auf Tettnanger Straße, K 7983 nach Oberhofen, links auf K 7982, Kemmerlanger Straße, Ziel auf der rechten Seite | ÖPNV Ravensburg Bahnhof, Bus 7545 Richtung Tettnang, von der Haltestelle Oberhofen vier Minuten zur Kemmerlanger Straße | Tipp Ravensburg, ehemalige Freie Reichsstadt im Schussental unweit des Bodensees, hat viele mittelalterliche Türme und ist eine beliebte Einkaufsstadt.

88 Die Juppenwerkstatt

Die älteste Tracht im Alpenraum

Die kleidsame und traditionsreiche Bregenzerwälder Tracht wird von den Frauen an Sonn- und Feiertagen auch heute noch gern getragen. Allerdings kann die gefältete Juppe, der Name kommt aus dem Französischen »jupe«, in keinem Geschäft komplett fertig erworben werden. Als Luise und Manfred Fitz 1993 ihre Manufaktur in Egg aufgaben, sah es so aus, als seien mit ihnen die Letzten gegangen, die das alte Handwerk der »Juppenerzeugung« noch beherrschten.

Doch dank einer Initiative vom Land, der Gemeinde und der Heimatvereine wurde im ehemaligen Gasthof Krone in Riefensberg eine Museumswerkstatt eingerichtet. Die ehemalige Lehrerin Martina Mätzler, die beim Ehepaar Jupp gelernt hatte, wie man den Stoff aufbereitet, leitet heute diese Werkstatt. Sie sagt: »Drei Kunsthandwerkerinnen sind außerdem an so einer Tracht beschäftigt. Eine, die das Rikken am Mieder auf die Figur der Trägerin übernimmt, so eine Art Smok mit dreieinhalbtausend Stichen, eine Stickerin für die Bändel und eine Knüpferin fürs Keodora, eine Art Makramee mit Hilfe von Klöppeln.«

Für die Juppe wird in großen Kesseln schwarzes Leinen mit Lederresten und Leim aufgekocht, sodass der Stoff steif wird. Die Stoffbahnen werden dann zum Trocknen auf dem Rasen ausgebreitet und anschließend wieder angefeuchtet und mit der Glästmaschine aus dem Jahr 1909 glänzend gemacht. Dann folgt das Plissieren in der Fältelmaschine. Allein diese Maschinen haben Seltenheitswert, sind wahre Museumsstücke.

Die Juppe besteht in erster Linie aus dieser Glanzleinwand, die im oberen Teil zum Mieder wird, an das die Ärmel genäht werden. Die Einfass-Bändel des Mieders sind individuell bestickt, ebenso das Fürtuch für den Ausschnitt. Die Nähte auf dem Rücken werden von den kunstvoll geknüpften Keodoras verdeckt.

Über ein Jahr muss man derzeit auf so ein traditionelles Unikat warten.

Adresse Dorf 52, A-6943 Riefensberg, Tel. +43 (0) 5513/8356-15, www.juppenwerkstatt.at | **Pkw** A 96 Ausfahrt Wangen, B 32 Alpenstraße bis Oberstaufen, Abfahrt Steibis, Aach, L 205 Hittisauer-Straße, Abzweigung Riefensberg | **ÖPNV** Bus 25 von Bregenz Hauptbahnhof oder Bus 30 von Oberstaufen im Allgäu nach Riefensberg-Dorf | **Öffnungszeiten** Mai–Okt. Di 10–12 Uhr, Fr 10–12 Uhr und 14–16 Uhr, Führungen möglich | **Tipp** Inmitten der reizvollen Natur des Bregenzerwaldes liegt die hügelige 18-Loch-Golfanlage von Riefensberg, die selbst geübten Golfern spielerisches Geschick abverlangt.

89 Die nostalgische Heidenbahn

Mit Zahnstangenbetrieb auf 800 Meter

Das Schweizer Bodenseeufer bietet eine nostalgische Fahrgelegenheit: die Heidenbahn. Seit September 1875 kraxelt sie vom Bodenseestädtchen Rorschach zum rund 800 Meter hoch gelegenen Dorf Heiden hinauf. Zuerst mit Dampflokomotiven, dann seit 1930 mit dem gleichen Stromsystem wie die SBB. Da die Talstation gleich beim Hafen liegt, bietet es sich an, einen Ausflug hierher mit einer Schifffahrt zu beginnen.

Kinder sind begeistert, wenn sie in die knallroten, offenen Wagen der Heidenbahn einsteigen dürfen. Normalerweise kennen sie ja keine Holzbänke mehr im Zug. Die Fahrspur ist normal breit, aber ein Teil der Strecke wird mit Zahnrad- beziehungsweise mit Zahnstangenbetrieb bewältigt. Je höher es hinaufgeht, umso schöner wird der Blick zurück auf den Bodensee. Zu beiden Seiten sieht man Weiden mit Kühen und Schafen, hübsche Appenzeller Bauernhäuser und putzige kleine Bahnhöfe bei den Haltestellen. Die Stationen sind Seebleiche, Sandbüchel, Wartensee, Wienacht-Tobel – ab hier wird die Strecke etwas flacher – und Schwendi.

Viel zu schnell geht die Fahrt vorbei, und das Biedermeierdorf Heiden in der Hügellandschaft des Appenzeller Vorderlandes ist erreicht. Hier lohnt das Verweilen auf einem der schönsten Dorfplätze der Schweiz, umgeben von Hausfassaden, die eine bürgerliche Behaglichkeit ausstrahlen. Auf der Rückfahrt kann man in Wartensee aussteigen, sich das gleichnamige Schloss anschauen und auf der Terrasse der nahen Wirtschaft Windegg einen phantastischen Blick auf den Bodensee genießen.

Eine Attraktion der Heidenbahn ist die kleine grüne Dampflok »Rosa«, die nur an Sonntagen fährt. Mit acht Stundenkilometern schnauft und dampft sie ihrem Ziel entgegen. Nicht selten wird sie von Joggern und Bikern überholt. Mit einem markanten Heulton warnt der Lokführer seine gut gelaunten Fahrgäste, unterwegs keine Blumen zu pflücken.

Adresse Hauptstraße 56, Hafenbahnhof, CH-9401 Rorschach, www.appenzellerbahnen.ch, info@tourist-rorschach.ch | Pkw A 13, Ausfahrt Rorschach, über Rheineck nach Heiden | ÖPNV Bahn Zürich-St. Margareten, Haltestelle Rorschach Hauptbahnhof | Schiff SBB von allen Häfen am Obersee | Tipp Ist man in Heiden angekommen, kann man sich auf den Heiden-Witzwanderweg begeben.

90 Die Sandskulpturen

Künstler aus aller Welt bauen tonnenschwere Sandriesen

In den Hafenort Rorschach am Schweizer Südufer des Bodensees sind bereits über ein Dutzend Mal Künstler aus aller Welt gekommen, um auf der Arionwiese direkt am Wasser im Laufe einer Woche riesige, skurrile Sandskulpturen aufzubauen. Die Sandskulpteure, auch Carver genannt, entwickelten eine Technik, den Sand mit Wasser zu vermischen und in hölzernen Formen zu verdichten, sodass sie feine Details herausarbeiten können. Durch Stapelung der Formen sind enorme Höhen und Breiten möglich. In Rorschach werden für die Teams an die 250 Tonnen feiner Quarzsand angefahren. Das Thema erfahren die Künstler erst bei Beginn des Festivals. Im Jahr 2012 hieß es beispielsweise: »Modern ways of living«, davor das »Tier in dir«.

Ohne Sponsoren, die für Unterbringung und Verpflegung der Künstler sorgen, wäre das Ganze nicht möglich. Immer zwei Teilnehmer bilden ein Team und türmen 30 bis 50 Tonnen Sand auf, bis die Feinarbeit mit Spachtel, Pinsel und Blasröhrchen losgeht. Eine Zeit lang trotzt der gepresste Sand sogar Wind und Regen. Besucher können hautnah miterleben, wie aus den Sandhaufen phantasievolle Gebilde entstehen. Angeregt dadurch dürfen Kinder sich an einem großen Sandhaufen daneben versuchen. Noch am Vormittag vor der Prämierung wird fieberhaft gearbeitet. Zum Schluss werden die drei besten Skulpturen von einer Fachjury und vom Publikum bewertet.

Deutschland wurde 2012 durch zwei Kunststudenten aus Köln vertreten: Aleksandra Lutinova und Wladimir Degtyarov kommen aus der Ukraine, wo sie schon eine Ausbildung als Bildhauer absolviert haben. Aleksandra erklärt ihr Werk, das sehr stark an russische Monumentalplastiken erinnert, mit dem Titel »community«. Die Holländerinnen Helena Bangert und Edith van de Weterring hatten mit ihrem Werk »back to the roots« den 1. Platz gewonnen. Sehr einfühlsam bezogen sie einen Baum mit ein, an den sich eine Sandfrau anlehnte.

Adresse Arionwiese am See, CH-9401 Rorschach, www.sandskulpturen.ch | **Pkw** A 14, A 13, A 1 (Vignette), bei Rheineck auf Burietstraße, rechts abbiegen auf Thurgauerstraße, bis zur Arionwiese am Ortsende | **ÖPNV** von Bregenz mit S-Bahn über St. Magrethen nach Rorschach | **Schiff** von Häfen Lindau oder Bregenz nach Rorschach-Hafen, zu Fuß weiter | **Öffnungszeiten** Der Skulpturenpark ist ab Beginn an zwei Wochen zu besichtigen. | **Tipp** Rorschach hat wie Lindau ein historisches Kastenbad auf Stelzen, das die Schweizer liebevoll »die Badi« nennen.

91 Die Störche vom Affenberg

Nicht alle zieht es in den Süden

Im Frühling herrscht reges Leben am Affenberg, nicht nur bei den Berberaffen. Auf den Dächern des alten Gutshauses Mendlishauser Hof und auf den Bäumen in der Nähe sitzen Störche paarweise in ihren Nestern und unterhalten sich, indem sie laut mit den Schnäbeln klappern. Dann startet immer einer und kehrt eifrig mit Baumaterial im Schnabel zurück, um den Horst zu verschönern.

Diplombiologe Jochen Dambacher von der Affenberg-Salem-Mendlishausener GmbH sagt, dass bis zu 25 Störche im Winter bleiben, die dann versorgt werden. Sie würden aber ohnehin das ganze Jahr über zufüttern. »Wer einmal den Abflug in den Süden aus irgendeinem Grund verpasst hat, bleibt auch weiterhin.« Außerdem werden die Überwinterer der ganzen Umgebung mitbetreut. Leiter der GmbH ist der Primatologe Dr. Roland Hilgarten. Sein Vertreter Jochen Dambacher hat beobachtet, dass Störche zwar ihrem Horst, nicht aber ihrem Partner treu sind.

Die Paare wechseln sich beim Brüten ab. Ende April schlüpfen die ersten Jungstörche. Besucher erhalten über eine Videokamera direkten Einblick in das Familienleben. Täglich kann man die schönen »Segelflieger« knapp über den Köpfen heranschweben sehen. Mit der Zufütterung unterstützt man die Störche darin, möglichst die gesamte Brut aufzuziehen. Die Altvögel bekommen an der Storchenwiese dann kleine Fische, die der gerade geschlüpfte Nachwuchs gut aufnehmen kann. Zur Fütterungszeit herrscht ein reger »Flugverkehr«. Ehe an die 150 Jungstörche vom Affenberg und von den Horsten der umliegenden Orte ab Mitte August zum großen Vogelzug in den Süden aufbrechen, kräftigen sie ihre Schwingen und sammeln sich in Gruppen auf den Feldern. Wer schon einmal erlebt hat, wie so viele Störche sich zusammen in den Himmel erheben, vergisst das nie! Die Altstörche erholen sich noch etwas vom anstrengenden Brutgeschäft – sie brechen zwischen Ende August und Mitte September auf.

Adresse Mendlishauser Hof, D-88682 Salem-Tüfingen (Affenberg Salcm) | **Pkw** Der Affenberg liegt an der Kreisstraße K 7765 zwischen Oberuhldingen und Salem-Tüfingen. | **ÖPNV** Vom 28. April bis 28. Oktober 2012 verbindet der Erlebnisbus den Affenberg mit Unteruhldingen (Pfahlbaumuseum), dem Schloss Salem sowie den Bahnhöfen Salem und Uhldingen-Mühlhofen. Er verkehrt stündlich und bietet gute Anschlüsse zu Bus, Bahn sowie Schifffahrt. | **Öffnungszeiten** 15. März – 27. Okt. täglich 9 – 18 Uhr, letzter Einlass eine halbe Stunde vor Schließung | **Tipp** Das Schloss Salem zählt zu den schönsten und bedeutendsten Kulturdenkmälern der Bodenseeregion.

92 Das Schloss Arenenberg

Wo Napoleon in die Wanne stieg

Schloss Arenenberg gehört zu den schönsten Schlössern am Bodensee. Durch seine erhöhte Lage blickt es auf den Untersee mit der Halbinsel Höri und der Insel Reichenau und auf die Vulkankegel des Hegau.

Im Jahr 1817 kaufte Hortense de Beauharnais, die Tochter von Josephine, der ersten Frau Napoleons, die Anlage. Sie richtete das Schloss dem damaligen Pariser Geschmack entsprechend ein. Ihr jüngster Sohn Louis Napoleon, der spätere Kaiser Napoleon III., wuchs in Arenenberg auf. Während seiner Regierungszeit ließ er das Schloss umgestalten. Seine Gemahlin Eugénie schenkte es 1906, nach dem Tod Napoleons III., dem Kanton Thurgau.

Umbauarbeiten im Prinzenflügel förderten 2010 einen sensationellen Fund zutage: das einstige Badezimmer Louis Napoleons. In monatelanger Arbeit wurde es restauriert. Herzstück ist ein drei Meter langes, 1,30 Meter breites und 1,20 Meter tiefes Tauchbecken. In den Boden eingelassen und mit weiß glasierten Tonkacheln ausgelegt, erleichtert ein fünfstufiger Zugang am Fußende den Einstieg in das Kaiserbad. Das Kopfende ziert eine Kachel mit einem als Relief gefertigten gekrönten Adler, der Reste einer Vergoldung aufweist. Die Installationen des Bades gelten als »Hightech« des beginnenden 19. Jahrhunderts. Fließendes kaltes Quellwasser wurde aus Druckleitungen direkt von außen in das Becken geleitet. Warmes Wasser kam aus einem Behälter über dem Heizofen im angrenzenden Raum, der ehemaligen Küche. Je ein vermutlich vergoldeter Wasserhahn regulierte den Zufluss des kalten und des warmen Wassers.

Eine original erhaltene, behutsam restaurierte Stuckdecke ziert den 20 Quadratmeter großen Raum. Seine Wände erstrahlen in moosigem Grün. Auch die einstige Möblierung ist erhalten geblieben: Sessel, Nachtstuhl, Paravent, ein Spiegel sowie ein Tischchen und ein Schränkchen machen das Badezimmer zu einem wohnlichen Salon.

Adresse Napoleonmuseum Thurgau Schloss & Park Arenenberg, CH-8268 Salenstein, napoleonmuseum@tg.ch, www.napoleonmuseum.tg.ch, www.napoleonpark.ch | **Pkw** Route 13, bei Salenstein Beschilderung zum Schloss folgen | **ÖPNV** mit Regionalbahnen und S-Bahn über St. Margrethen, Rorschach, Romanshorn bis Mannenbach-Salenstein, dann 15 Minuten Fußweg | **Öffnungszeiten** Mitte April–Mitte Okt. Mo 13–17 Uhr, Di–So 10–17 Uhr (Kassenschluss 16.30 Uhr); Mitte Okt.–Mitte April Di–So 10–17 Uhr (Kassenschluss 16.30 Uhr) | **Tipp** In Salenstein gibt es noch vier weitere Schlösser: Eugensberg, Salenstein, Schloss Louisenberg und Schloss Hubberg. Schloss Sandegg brannte 1833 ab.

93__Die »Erststockbeizli«

Gastlichkeit im ersten Stock

Eine wohlhabende Stadt wie St. Gallen hat neben ihren zahlreichen Sehenswürdigkeiten wie Klosterbezirk, Textilmuseum, Fachwerk- und Jugendstilhäusern auch viele Restaurants zu bieten. Eine Besonderheit sind die »Erststockbeizli«.

Der Sankt Galler liebt diese gastlichen Stuben im ersten Stock. »Schäfli«, »Bäumli«, »Pöschtli«, »Engelis« oder »Neubädli« heißen sie. Ihre Geschichte geht wie die der textilen Industrie zurück ins Mittelalter.

Ein Großteil des St. Galler Baugrundes war einst sumpfig und musste mit Holzpfählen bebaubar gemacht werden. Daher sind Kellergewölbe selten. Das Parterre wurde vor allem für gewerbliche Zwecke genutzt. Die Familie verteilte sich auf die oberen Stockwerke. Durch die Handelsfreiheit Anfang des 19. Jahrhunderts versuchte mancher Handwerker durch einen Ausschank sein Einkommen aufzubessern – so entstanden die Erststockbeizen.

»Zum Goldenen Schäfli« ist so ein typisches St. Galler »Erststockbeizli«. Bereits im 15. Jahrhundert tagte hier die Metzgerzunft. Die spätgotische Bohlendecke verläuft infolge von Grundwassersenkung schräg, der Boden ebenso. Daher haben auch die Gläser einen schrägen Boden. Neben der berühmten St. Galler Bratwurst ist »Leberli mit Rösti« eine wahre Delikatesse.

Das Restaurant »Neubad« war, wie der Name schon sagt, ursprünglich ein Bäderhaus. Nachdem es wegen Sittenwidrigkeit verboten wurde, wandelte man es in ein Spital um. Ab dem 18. Jahrhundert wurde daraus ein Restaurant mit original gotischer Decke.

Ob im romantischen holzgetäfelten »Stübli« oder im eleganteren »Säli«, die »Weinstube zum Bäumli« bietet immer eine traditionelle gutbürgerliche Küche. Das »Engelis«, ebenfalls ein »Erststockbeizli«, ist modern gestaltet, hat aber durch seine Licht- und Engeldekoration trotzdem etwas Heimeliges. Motto: »Wer gerne himmlisch speist und trinkt, schwebt im Engelis auf der richtigen Wolke.«

Adressen CH-9000 St. Gallen; alle Erststockbeizli befinden sich in der Altstadt: Zum Goldenen Schäfli, Metzgergasse 5; Neubädli, Bankgasse 6; Weinstube Bäumli, Schmiedgasse 18; Engelis, Brühlgasse 30 | **Pkw** A 96, Bregenz, auf L 202 nach St. Margareten, A 1 nach St. Gallen (Schweizer Vignette!) | **ÖPNV** Bahn IC, EC, RE, auch S-Bahn ab Bregenz über St. Margrethen | **Tipp** Die Stiftsbibliothek von St. Gallen, eine der größten und ältesten der Welt, ist ein wunderschönes Barockgebäude, an dem die Vorarlberger Baumeister Peter Thumb, Vater und Sohn, und auch Wessobrunner Stuckateure beteiligt waren.

94__Die Festung Heldsberg

Wie sich die Schweiz im Ernstfall verteidigen wollte

Ganz schön steil führt eine kleine asphaltierte Straße am Rand von St. Margrethen in die Höhe. Blumengeschmückte Bauernhäuser und Wochenendhäuschen liegen am Weg. Es sieht alles sehr friedlich aus. Dabei ist der ganze Berg unterhöhlt, und zwischen den Bäumen verborgen gibt es noch funktionsfähige Maschinengewehre und Panzerabwehrkanonen. Vor dem Eingang in die Festung ragt jetzt eine Kanone gen Himmel, denn Geheimhaltung ist nicht mehr notwendig.

Bei den vielen Gängen und Räumen, die zu besichtigen sind, ist es ratsam, sich einem der zahlreichen Führer anzuvertrauen. Marcel Sieber ist Jahrgang 1949. Er hat die Entstehung der Festung zwischen 1938 und 1940 nicht erlebt, dafür aber die Zeit des Kalten Krieges, wie er den Besuchern erzählt.

Nachdem das Nachbarland Österreich vom Deutschen Reich annektiert worden war, hatten die Schweizer angefangen, ihre Grenzen mit kleinen Bunkern entlang des Rheins und großen Festungen im Alpenraum zu schützen. Glücklicherweise, meint Sieber, wären wahrscheinlich keine Truppen für einen Angriff auf die Schweiz übrig gewesen. Am Ende des Krieges gab es über 20.000 solcher Verteidigungsanlagen zum Preis von 900.000 Franken. Von der Festung Heldsberg aus, mit 1.000 Metern Stollenlänge eine der größten, hätte eine der vier Kanonen des Kalibers 7,5 Lindau erreicht, eine zweite Bregenz, die anderen deckten die Rheinübergänge ab. Was für ein Segen, dass nie ein Schuss abgefeuert werden musste! Die Maschinengewehrbunker waren als Ferienhäuser getarnt.

Wegen der Bedrohung während des Kalten Krieges sollte jedes Haus der Schweiz einen eigenen Atombunker haben. Als sich die Lage entspannte, wurde die Festung Heldsberg aufgelassen und 1993 vom Verein Festungsmuseum Heldsberg als Museum eingerichtet, in dem anschaulich das Leben der Soldaten »unter Tage« dargestellt ist. Zum Abschluss kehren die Besucher in die einstige Kantine ein.

Adresse Festungsmuseum Heldsberg, Obere Heldsbergstraße 5, CH-9430 St. Margrethen, www.festung.ch | Pkw A1, Ausfahrt St. Margrethen oder über die L202 von Bregenz bis Zollamt St. Margrethen, links abbiegen Richtung Höchst, Hinweisschildern folgen, parken beim Gasthof Schäfli, auf markiertem Fußweg zehn Minuten bergauf bis zum Museum | ÖPNV ab Bahnhof St. Margrethen zu Fuß 30 Minuten oder mit dem Rheintalbus, Haltestelle Heldsberg | Öffnungszeiten April–Okt. Sa 13–18 Uhr, Führungen nach Voranmeldung, auch in den Wintermonaten möglich | Tipp Das Mineralheilbad von St. Margrethen besitzt eine natürliche Heilquelle. Ihr Wasser stammt aus dem Inneren des Molassefelsgesteins des Appenzeller Vorderlandes.

95__Die grüne Grenze

Bizarrer Grenzverlauf zwischen Deutschland und der Schweiz

Der Schiener Berg ist mit seinen 700 Metern die höchste Erhebung auf der Halbinsel Höri. Wälder, Äcker, kleine Ortschaften und vereinzelte Bauernhöfe sind typisch für diese etwas abgelegene stille Gegend zwischen Zeller See im Nordosten und Untersee im Südosten direkt an der Grenze zur Schweiz. Der Grenzverlauf ist keineswegs gradlinig. Fährt man vom Dörfchen Schienen auf schmaler Straße weiter, sind rechter Hand die Grenzsteine zu sehen. Ein Schweizer Acker schmiegt sich wie eine breite Landzunge in den Arm des deutschen Verkehrsweges. Lautes Geschnatter kommt vom Hofgut der Familie Grundler herüber. Bis zum Horizont weiße Gänse. Spätestens vor Weihnachten ist ihr kurzes, glückliches und freies Leben zu Ende. Lässt man die schönen Fachwerkhäuser vom Riederhof zurück, gelangt man bald beim Waldheim ans Ende des Sträßchens. Eine Kette und ein alter Grenzpfosten von 1839 mit den Buchstaben GB (Großherzogtum Baden) und CS (Canton Schweiz) kennzeichnen die Grenze. Während eines Künstlersymposions im Jahr 2003 stellte Ute Richnow über der Kette eine Tischtennisplatte auf, um von Deutschland in die Schweiz zu spielen.

An der Klärgrube im Garten des Waldheims auf deutschem Grund beteiligt sich ein weiter oben liegender Schweizer Bauernhof. Beim deutschen Brandhof war die Situation früher noch ungewöhnlicher. Da verlief die Grenze eine Zeit lang mitten über den Küchentisch. Nach etlichen Besitzerwechseln wurde das Anwesen jetzt vom Besitzer des etwas tiefer liegenden Schweizer Unterwald-Hofs gekauft, der es renoviert und Ferienwohnungen darin einrichtet. Sein Ackerland reiche ohnehin bis dorthin, sagt der Bauer.

Stoff für einen Krimi an der grünen Grenze gefällig? Zur Nazizeit hatten die Bauern Fahrscheine, um zu ihren Äckern zu kommen. Dadurch war es damals einem deutschen Bauern möglich, seine Familie unbemerkt im Güllewagen in die Schweiz zu schmuggeln.

Adresse Schiener Berg, D-78337 Öhningen-Schienen | Pkw A 81 Richtung Singen, Autobahnkreuz Hegau, Richtung Konstanz, Ausfahrt Radolfzell-Moos-Bankholzen-Schienen, nach Ortseingang 1. Straße rechts Waldheimstraße, 3,5 Kilometer auf K 6156 bis zur Grenze beim Waldheim; Überschreiten nicht ohne Pass oder Ausweis! | Tipp Vom Waldheim aus bietet sich eine Wanderung zur Burg Hohenklingen oberhalb von Stein am Rhein an. Deren Silhouette entspricht auch heute noch ihrem mittelalterlichen Erscheinungsbild von 1200 bis 1422, denn sie wurde nie zerstört.

96_Der Säntis

Eine Vollmondnacht mit Gruselgeschichte

Groß und rund steht der Mond über dem fernen Säntis. Sein kaltes Licht zeigt nur die Silhouette des alles überragenden Alpsteingipfels. Die gleißende Spur im Wasser des Bodensees scheint direkt zu ihm hinzuführen. Eine Vollmondnacht auf dem Säntis lässt alles ringsherum klein erscheinen. Erstaunlich klar sind die einzelnen Höhenzüge zu erkennen, schroff oder sanft gewellt, je nach Eigenart. Bodensee und Zürichsee blinken wie kleine spiegelnde Pfützen, nicht viel größer als der nahe Seealpsee. Bleich erscheinen die Schneefelder unter dem Mondlicht. Utopisch die supermodernen Bauwerke der Sendeanlage, der Wetterstation und des Berghotels.

Etwas verloren sieht das alte Windmesserhäuschen auf dem höchsten Punkt aus. Es nahm am 1. September 1882 als eine der höchstgelegenen Stationen der Welt seine Arbeit auf. Viele Wetterwarte erfüllten in großer Einsamkeit Jahr für Jahr dort oben ihre Pflicht. Bei Wind und Eis riskierten sie ihr Leben, um die Instrumente abzulesen und nach Unterbrechungen in der zum Tal führenden Telegraphenleitung zu suchen.

Der Säntis kennt Windgeschwindigkeiten bis zu 200 Stundenkilometern. Das Wetter wechselt sehr rasch. Der eine oder andere tragische Unfall ist damals geschehen. Im Winter 1922 wurden gar der Wetterwart Heinrich Haas und seine Frau Lena ermordet aufgefunden. Der Täter soll sich später erhängt haben. Wenn jemand von diesem Drama in der Menschenleere und Einsamkeit der grandiosen Bergwelt in einer sternklaren Nacht erzählt, läuft es einem kalt über den Rücken.

Die Technik hat den Posten des ständigen Wetterwartes inzwischen überflüssig gemacht. Tagsüber trägt die Kabine der Säntis-Seilbahn in zehn Minuten 85 Personen von der Talstation Schwägalp zur Bergstation des Säntis hinauf. 1.122 Höhenmeter überwindet sie auf nur zwei Stützen. Vollmondfahrten gehören zu den neueren Attraktionen auf dem Säntis.

Adresse Säntis Schwebebahn AG, Betriebsbüro, CH-9107 Schwägalp, kontakt@saentis-bahn.ch, www.saentisbahn.ch; automatischer Auskunftsdienst Tel. +41 (0) 71/3656666 (für Wetter, Temperaturen, Nebel, Zustand der Wanderwege, Schneeverhältnisse, besondere Angebote) | **Pkw** Autobahn Bregenz über St. Margrethen, St. Gallen, Gossau und Urnäsch zur Schwägalp oder Autobahn Zürich–Nesslau im Toggenburg-Schwägalp | **ÖPNV** Bregenz Hauptbahnhof mit S 3 nach St. Margrethen, S 2 Herisau, R 1127 Urnäsch, Bus 7911 Schwägalp | **Tipp** In der kleinen Alpschaukäserei direkt neben der Talstation der Säntis-Schwebebahnen kann man sehen, wie im Kupferkessel nach alter Tradition der Schwägalpkäse entsteht.

97 Die Bodensee-Wasserversorgung

Kühl, klar, sauber

Der Bodensee ist das größte Trinkwasserreservoir Europas. Gewaltige Mengen sauberes Gebirgswasser strömen in den See, wobei der Alpenrhein den größten Anteil hat. Strenge Kontrollen überwachen die Reinhaltung, wobei alle Anrainerstaaten an einem Strang ziehen. Der verstorbene Graf Bernadotte von der Mainau soll einmal demonstrativ direkt aus dem See einen Becher getrunken haben.

In 60 Metern Tiefe wird das Rohwasser aus dem Überlinger See entnommen. Nachdem einmal eine Verunreinigung durch Kanister mit Pflanzenschutzmitteln gedroht hatte, wird diese Stelle besonders geschützt und überwacht. Von hier gelangt das Wasser durch Leitungen ins Seepumpwerk Süßenmühle, das bis zu 9.000 Liter pro Sekunde rund um die Uhr mit sechs Pumpen auf den 310 Meter hohen Sipplinger Berg befördert. Hier sprudelt und schwallt es in einem kreisrunden, riesigen Quelltopf. Das Rohwasser, das ohnehin schon eine gute Qualität hat, durchläuft dann drei Aufbereitungsstufen: Mikrosiebe entfernen kleinste Algen und Schwebstoffe, Ozon entkeimt es, und die Sandfilter in den großen Hallen entfernen letzte Trübstoffe. Schließlich landet es im Reinwasserpumpwerk.

Um jährlich über 14 Millionen Kubikmeter Trinkwasser zu verteilen, betreibt der Zweckverband Sipplingen ein Leitungsnetz von 1.700 Kilometern, das 320 Städte und Gemeinden auf der Schwäbischen Alb, im Schwarzwald, in der Region um Stuttgart bis in den nördlichen Teil Baden-Württembergs beliefert. Das Wasser hat es nicht eilig; nach Bad Mergentheim ist es sieben Tage unterwegs.

Das Bodenseewasser ist von hervorragender Qualität, es hat einen geringen Härtegrad und einen ausgewogenen Mineralstoffgehalt. Pro Jahr muss der gesamte Bodensee 130 Millionen Kubikmeter Trinkwasser liefern. Durch Verdunstung verliert er wesentlich mehr.

Adresse Seepumpwerk und Forschungslabor, Süßenmühle 1, D-78354 Sipplingen (Förder- und Aufbereitungsanlage: D-88662 Überlingen-Nesselwangen, Sipplingerberg) | Pkw B 31, Ausfahrt Nesselwangen, Beschilderung Wasserwerk und Haldenhof folgen | Öffnungszeiten Besichtigungen für Gruppen ab 15 Personen: Tel. +49 (0) 07551/8331157; Einzelpersonen und Kleinstgruppen: in den Sommermonaten Führungen von der Tourist-Information Sipplingen, www.zvbwv.de | Tipp Der nah gelegene Aussichtspunkt beim Gasthof Haldenhof zählt wohl zu den schönsten am Bodensee. Bei guter Sicht sieht man die Schweizer Alpenkette mit dem Säntis und unten Sipplingen, wohin ein Wanderweg führt.

98 Das Hundertwasserhaus

Zauberhafte Markthalle mit vergoldeten Zwiebeltürmen

Das einzige Gebäude des österreichischen Künstlers Friedensreich Hundertwasser (1928–2000) in der Schweiz steht in Staad. Vergoldete Zwiebeltürme, leuchtende Farben, geschwungene Linien, ungleiche Fenster, unebene Böden, bunte Keramiksäulen, schattige Wandelgänge und begrünte Dachflächen sind die Merkmale seiner Architektur. Er war der Meinung, dass die moderne, geradlinige Bauweise den Menschen krank macht. Für ihn war »die gerade Linie die einzige unschöpferische Linie«. Wie viele andere berühmte Bauten in Europa und Japan ist das Gebäude in Staad ein eindrucksvolles Beispiel für die ungewöhnlichen Architektur-Konzepte des international renommierten Künstlers. Es sieht aus wie ein Schloss, soll aber eine den Bauern gewidmete Markthalle sein. Schon der Standort, mitten im Industriegebiet und nicht etwa an einem idyllischen Platz beim nahen Bodensee, ist erstaunlich.

Gestützt wird die Halle von 42 Säulen, wobei keine wie die andere aussieht. Die meisten wurden von Freiwilligen mit einem Mosaik aus Abfallmaterialien verkleidet. Auch das war ein Anliegen des Meisters: Ihm war es ein Gräuel, dass »unsere Gesellschaft eine Abfallgesellschaft ist«.

Jeder Schritt im Hundertwasser-Gebäude birgt eine Überraschung. Kaum ein Meter Boden ist gleich. Typischerweise haben alle 60 Fenster und Türen verschiedene Formen.

Eine zauberhafte Atmosphäre herrscht vor der »Flaschenwand«: Das Außenlicht bricht sich in 182 farbigen, eingemauerten Flaschen und gibt dem Raum eine etwas unwirkliche Stimmung. So geheimnisvoll wie der Bau war auch die Bauführung von Friedensreich Hundertwasser. Vermutlich war er einige Male inkognito vor Ort, denn er hat bei seinen Anweisungen immer auf Details Bezug genommen, die er nur selbst gesehen haben konnte. Die Fertigstellung der Markthalle allerdings erfolgte erst nach dem Tod des großen Künstlers und Architekten.

Adresse Knotternstraße 2, CH-9422 Staad am Bodensee (Nähe St. Gallen), www.markthalle-altenrhein.ch, info@markthalle-altenrhein.ch | Pkw Die Schweizerische Autobahn A 2 von St. Gallen oder von St. Margrethen, bei Anschluss Rheineck verlassen, Richtung Altenrhein. Nach zwei Kilometern unmittelbar am Autokreisel zum Flugplatz liegt die Markthalle. | ÖPNV Bregenz, Eurocity oder S 3 nach St. Margrethen, Busse 4042 oder 4050, Haltestelle Flugplatz Altenrhein | Öffnungszeiten April–Okt. täglich 10–17.30 Uhr, Nov.–März Sa, So 13–17.30 Uhr | Tipp Im Fliegermuseum vom nahen Flugplatz Altenrhein sind die Oldtimer-Flugzeuge noch flugtauglich und werden mehr oder weniger oft geflogen.

99__Die Hopfensau

Ein vergangener makabrer Brauch

In Tettnang wird im Herbst der Hopfen geerntet. Die württembergische Stadt liegt mitten im zweitgrößten Hopfenanbaugebiet Deutschlands. Beim Rattern der Erntemaschinen steigt bei manchen älteren Tettnangern die Erinnerung auf, wie mühevoll früher das Hopfenpflücken von Hand war.

Im privaten Hopfenmuseum, das sich bei einem modernen Hopfenbetrieb in Siggenweiler befindet, zeigt eine Großmutter ihren Enkeln auf den ausgestellten Fotos, wie die Frauen damals schufteten. Die Ehemänner und Väter waren im Krieg. Beim Pflücken hätten sie sich die Arme zerkratzt. Sie seien oft ungeschützt in der Sonne gehockt. »Oma, wie viel Körbe hast du vollbekommen?«, fragt die kleine Anna. »Eine geübte Hopfenbrockerin benötigte für ein Simri eine Stunde«, erhält sie zur Antwort. In Tettnang war ein Hopfenmaß-Simri auf 30 Liter geeicht. Dafür erhielt man 35 Pfennig oder eine Metallmarke, die entweder am Abend oder nach der Ernte in Geld eingewechselt wurde.

Diejenige Pflückerin, die die allerletzte Hopfenranke gepflückt hatte, wurde als »Hopfensau« oder auch gelegentlich als Hopfenkönigin gefeiert. Im Museum ist ein alter Schulaufsatz zu lesen: »Mein Vater hat mir erzählt, wie er noch ein Bub war, haben sie eine Gaudi gehabt, wie die Frau Studienrat bei Lochers Hopfen gebrockt hat. Wie sie am letzten Stock war, hat niemand das Herz gehabt, ihr zu sagen, dass sie Hopfensau ist, und da haben alle Hopfenkönigin zu ihr gesagt, und sie hat sich sehr gefreut. Bis dann beim Hopfenschmaus mein Vater und seine Freunde die Knallfrösche unter ihrem Rock haben hochgehen lassen und ›Hopfensau‹ gerufen haben. Das hat ihr gar nicht gefallen.« Manche haben über dieses böse Spiel auch geweint, obwohl sie im Triumphzug zum Hof des Hopfenbauers geführt wurden und einen Ehrenplatz beim Hopfenschmaus bekamen.

Die »Hopfensau« ist auch eine Fasnetfigur von Tettnangs alemannischer Fasnacht.

Adresse Hopfen-Museum Tettnang, Hopfengut 20, D-88069 Tettnang-Siggenweiler, Tel. +49 (0) 7542/952206, www.hopfenmuseum-tettnang.de | Pkw von B 31 auf Höhe Langenargen zur B 467 bis Tettnang, dort auf die Wangenerstraße L 333 und dann auf die K 7719 nach Siggenweiler | ÖPNV Bahnhof Friedrichshafen-Stadt, Bus 221 nach Tettnang, umsteigen in Bus 222 nach Siggenweiler | Öffnungszeiten ab 8. April jeden So 10.30–18 Uhr und Gruppenführungen nach Vereinbarung, Mai–Okt. Di–So 10.30–18 Uhr | Tipp Der vier Kilometer lange Hopfenpfad führt an Hopfengärten und Obstanlagen vorbei. Auf Informationstafeln erfährt der Wanderer Interessantes über Hopfenanbau und Braukunst.

100 Der Bodenseereiter

Schriftsteller Martin Walser als Brunnenfigur

Wer kennt sie nicht, die Ballade »Der Reiter und der Bodensee« von Gustav Schwab! Solch ein Bodenseereiter schwebte der Stadt Überlingen für ihren Brunnen auf der Seepromenade vor. Den Auftrag erhielt Peter Lenk, bekannt für seine oft unverschämten, aber ebenso witzigen und für viele leider auch porträtähnlichen Darstellungen. Vor Päpsten, Politkern, Bankleuten und sonstigen Größen schreckt er nicht zurück.

In Überlingen wurde Martin Walser, einer der bedeutendsten deutschen Schriftsteller der Gegenwart, der sogar im nahen Nussdorf wohnt, sein Opfer: Beim dem 1999 fertiggestellten Brunnen wird Walser starr und mürrisch auf einem sich widerstrebend vorwärtsbewegenden Gaul kauernd dargestellt. An den Füßen trägt er Schlittschuhe.

Lenk erklärt seine Darstellung mit einem Ausspruch von Walser: »Kauere dich, bis du nicht mehr sichtbar bist.« So habe der Schriftsteller, wie er selbst gesagt haben soll, den schlimmsten Situationen widerstanden. Außerdem sieht Lenk ihn als Eiskunstläufer zu Pferde auf den zugefrorenen Seen deutscher Geschichte. »Er steigt erst ab, wenn das Eis gefährlich dünn wird, dann dreht er seine Pirouetten.« Walser war zutiefst beleidigt und wollte das Denkmal verhüllen lassen. Lange Zeit mied er den Platz in Überlingen. Am meisten soll ihn gestört haben, dass ihn eine alte Nixe des Brunnens ins Wasser locken will.

Peter Lenk weiß zu schätzen, dass er seine Figuren in Baden-Württemberg relativ problemlos aufstellen kann: »Ich lebe hier am Bodensee in einer sehr liberalen Gesellschaft. Vielleicht liegt es an der badischen Revolution. Der Walser ist ja ein wortgewaltiger Dichter, den ich ausgesprochen schätze. Ich konnte nie begreifen, dass er da nicht drübersteht.« Martin Halter hat es in der FAZ so ausgedrückt: »Der Weg zur authentischen Unsterblichkeit ist mit Porträts gepflastert, die man leider nicht immer selber inszenieren kann.«

Adresse Brunnen auf dem Landungsplatz, D-88662 Überlingen am Bodensee, touristik@ueberlingen.de, www.ueberlingen.de | Pkw Autobahn Stuttgart–Singen, Abfahrt Friedrichshafen, Lindau, Bundesstraße 31, Autobahn 96 München-Lindau, Bundesstraße 31 Lindau-Überlingen, Richtung See abbiegen zur Aufkircherstraße, gerade weiter auf Franziskanerstraße, Landungsplatz | ÖPNV Bahnhof Überlingen, zu Fuß Bahnhofstraße-Christophstraße-Landungssteg | Tipp Das spätgotische Münster St. Nikolaus in Überlingen birgt einen wertvollen Schnitzaltar von Jörg Zürn.

101 Der Goldbacher Stollen

Die menschenverachtende Arbeitswelt der Nazis

Um die Rüstungsbetriebe der Stadt Friedrichshafen vor Luftangriffen zu schützen, sollten sie in Stollen bei Überlingen untergebracht werden. Die Molassefelsen dort sind ein relativ weiches Gestein, das die Schwingungen der Bombeneinschläge gut absorbiert. Ein weiterer Vorteil war ihre Nähe zum See, wo der Aushub entsorgt werden konnte. Außerdem war der Bahnhof gleich in der Nähe, von dem drei Schienenstränge in die Stollen führen sollten.

800 Häftlinge wurden zu diesem Zweck im Herbst 1944 vom KZ Dachau in die kurzfristig von kriegsgefangenen Franzosen errichteten Baracken in Aufkirch oberhalb Überlingens geschafft. Es waren politische Gefangene, Homosexuelle, Zeugen Jehovas, Sinti und Roma und Emigranten. Als Kapos setzten die SS-Leute mit Vorliebe Schwerverbrecher, Landfahrer und »arbeitsscheues Gesindel« ein.

»Vernichtung durch Arbeit« war beabsichtigt. Anschaulich schildert Freiherr von Scheurl-Defersdorf während der Führung durch die Stollen das Elend der unter unmenschlichen Bedingungen arbeitenden Männer, die in knapp sieben Monaten vier Kilometer relativ hohe Gänge und Hallen in den Felsen sprengten. Er ist einer von elf Führern der Dokumentationsstätte Goldbacher Stollen und KZ Aufkirch, die interessierten Besuchern die dunkle Seite der Geschichte nahebringen.

Die Häftlinge arbeiteten in zwei Schichten zu je zwölf Stunden. Die gelösten Steine mussten sie mit bloßen Händen auf Loren verladen, die dann in den Bodensee ausgekippt wurden. Der Überlinger Campingplatz befindet sich heute auf dieser Aufschüttung. Bei den Sprengungen gab es keinerlei Sicherheitsvorkehrungen, sodass Gefangene verletzt wurden oder ums Leben kamen. Viele starben an Entkräftung. Noch bevor die Anlage fertig war, drangen französische Truppen Ende April 1945 zum Bodensee vor und machten dem bösen Spiel ein Ende.

Adresse Dokumentationsstätte Goldbacher Stollen und KZ Aufkirch e.V., Obere Bahnhofstraße, D-88662 Überlingen, info@stollen-ueberlingen.de, www.stollen-ueberlingen.de (Westbahnhof, gegenüber Campingplatz) | **Pkw** auf B 31 nach Überlingen, abbiegen ins Stadtzentrum bis Westbahnhof | **ÖPNV** Bahnhof Überlingen, Westbahnhof | **Öffnungszeiten** öffentliche Führungen an jedem 1. Fr im Monat 17 Uhr, Gruppen können sich für andere Termine anmelden; Treffpunkt für Führungen: Obere Bahnhofstraße 28 | **Tipp** Die Sylvesterkapelle in Goldbach, einem Stadtteil von Überlingen, ist eine frühromanische Kapelle am Ufer des Bodensees. Ihre Fresken sind die ältesten im Bodenseeraum.

102 Der KZ-Friedhof

Vernichtung durch Arbeit

Täglich fahren zahllose Autos an dem kleinen Friedhof vorüber. Wenige wissen, wer hier begraben liegt, schräg gegenüber der bekannten und wunderschönen Wallfahrtskirche Birnau.

Die hier liegen, sahen nichts von ihrer Rokokoherrlichkeit. An die 800 Insassen des KZ Dachau, denen man Arbeit bei der Apfelernte am Bodensee versprochen hatte, wurden in die schnell errichteten primitiven Baracken nach Aufkirch verfrachtet. Täglich jagten SS-Wachleute, unterstützt von scharfen Schäferhunden, die Häftlinge im Laufschritt zur Arbeit am Goldbacher Stollen, um von Oktober 1944 bis April 1945 ein ausgedehntes Gängesystem in das relativ weiche Molassegestein zu treiben. Dorthin sollte die Rüstungsindustrie von Friedrichshafen ausgelagert werden, um sie vor Bombenangriffen zu schützen. Die Arbeitsbedingungen für die sich ohnehin in einem schlechten Zustand befindenden Gefangenen waren unmenschlich: viel zu wenig zu essen und dann zwölf Stunden schuften. Die hygienischen Verhältnisse in den Baracken und in den Stollen waren schlichtweg eine Katastrophe. Dazu kam die Winterkälte. 219 Häftlinge kamen ums Leben. Ohne die Temperatur von zwölf Grad in den Stollen wären es sicher noch mehr gewesen. 97 der Toten liegen auf dem KZ-Friedhof Birnau. Sehr viele Italiener sind darunter. Sie wurden am schlechtesten behandelt. Der Grund dafür war der Hass der Nazis auf die ehemaligen italienischen Bündnispartner. Auf einer Tafel am Eingang des Friedhofes sind die Opfer aufgeführt, die namentlich bekannt sind.

Als der Ukrainer Wassiliy Sklarenko in den 90er Jahren – ihm war mit dem Österreicher Adam Punschart in der Nacht vom 21. auf den 22. März 1945 die Flucht in die Schweiz gelungen – die Gedenkstätte besuchen wollte, war sie gerade beschädigt worden.

Obwohl keine Juden auf dem Friedhof liegen, gilt hier offensichtlich trotzdem deren Brauch, bei Besuch der Gräber einen Stein zu hinterlassen.

Adresse an der Bundesstraße B 31, 88690 Uhldingen-Mühlhofen-Birnau-Maurach | Pkw B 31, zwischen Meerburg und Überlingen; die Gedenkstätte liegt etwa 200 Meter östlich der Wallfahrtskirche Birnau, oberhalb der Bundesstraße B 31 zwischen Überlingen und Meersburg, und ist ab dem Parkplatz der Klosterkirche Birnau zu Fuß zu erreichen. | Tipp Die Wallfahrtskirche Birnau sollte man besuchen, denn sie ist ein wahres Barockjuwel. Im Sommer ist sie von 7.30 Uhr bis 19 Uhr geöffnet, im Winter von 7.30 bis 17.30 Uhr.

103 Das Indianermuseum

Hok'ahe – Willkommen

Was für eine ungewöhnliche Ansammlung vor einem oberschwäbischen Haus: Eine indianisch anmutende Holzskulptur, daneben ein Bär, ein Totempfahl und ein Kanu. Dieses Ensemble findet man in Waldburg, einem kleinen Luftkurort zu Füßen einer gut erhaltenen mittelalterlichen Burg in der Nähe von Ravensburg, etwa 25 Kilometer vom Bodensee entfernt.

»Museum für Indianistik«, steht angeschrieben und »Öffnung nach Vereinbarung«. Hier hat der Schreiner Alois Weber seine private Sammlung in ehemaligen Werkstatträumen ausgestellt. Angefangen hat alles mit Kachina-Puppen der Hopi-Indianer, die er detailgetreu nachempfand. Eine Brieffreundin seiner Tochter aus den USA hatte 1985 Hochglanzmagazine mit Fotos dieser indianischen Kultgegenstände als Gastgeschenk mitgebracht. Weber war so fasziniert von der indianischen Kultur, dass er in kleinem Maßstab auch ein Pueblo-Dorf nachbaute.

Einmal Feuer gefangen, buchte er Reisen in Indianer-Reservate nach South-Dakota, die ihm aber zu wenig Kontakt zu den Natives brachten. Erst als er selbst eine organisierte, wurde er nach misstrauischem Abwarten seitens der Bewohner akzeptiert und erhielt Einblicke, die sie sonst nur selten gewähren. Er erlebte Zeremonien, Rituale, Pow Wows, Tänze, war mit Indianern in einer Schwitzhütte, besuchte mit ihnen ihre Gedenk- und Opferstätten. Durch sein ehrliches Interesse erhielt er sogar Zugang zu Wohnungen der Natives, was sehr ungewöhnlich ist.

Mit Hilfe seiner indianischen Freunde konnte er authentische Sammlerstücke für sein Museum erwerben, das inzwischen schon Besuch von Indianern hatte. Häuptling Phil Crazy Bull dankte ihm anschließend in einem Brief aus Süddakota im Namen aller Lakotas für diese sehenswerte Ausstellung. Ebenso fand Clanton Ivey sein Volk der Blackfoot-Indianer gut repräsentiert und segnete Alois Weber dafür, dass er keine Hollywood-Indianerromantik ausstellt.

Adresse Bodnegger Straße 27, D-88289 Waldburg, Tel. +49 (0) 7529/6571, www.museum-fuer-indianistik.de | **Pkw** von Ravensburg Wangenerstraße B 32, links abbiegen auf K 7986, links auf L 326, heißt im Ort Bodnegger Straße | **ÖPNV** vom Bahnhof Ravensburg mit dem Bus 7535, Haltestelle Waldburg | **Öffnungszeiten** nach Vereinbarung | **Tipp** Das Ravensburger Spieleland im nahen Meckenbeuren hat sieben Themenwelten mit 60 Attraktionen. Sehr beliebt ist Käpt'n Blaubärs Wunderland.

104 Der Bergfried und seine Anhänger

Ritter, Bauern, Beutelschneider

Zweimal im Jahr erwacht die Burgruine Neuravensburg zum Leben: beim dreitägigen »Burgspectaculum« im Frühling und zum jährlichen Burgfest am zweiten Augustwochenende, zu denen jeweils der Burg- und Heimatverein Neuravensburg einlädt.

Schon vom Weitem leuchten weiße Zelte zu Füßen des fahnengeschmückten Burgturms, der als einziges von einem ehemals stattlichen Schloss übrig geblieben ist. Dann taucht man in die Atmosphäre des mittelalterlichen Markttreibens ein. Alte Handels- und Handwerkerzünfte sind vertreten. In verschiedenen Lagern wird gezeigt, wie damals gelebt, gearbeitet, gekämpft und gefeiert wurde. Krieger, Musiker, Gaukler und Feuerschlucker treten auf. Der »gelehrte Bauer« Sebastian trägt Gedichte aus dem ländlichen Raum vor und singt freche Lieder zur Laute. Für »Speys und Trank« ist auch gesorgt. Zur Sau vom Spieß gibt es »wilde« Kartoffeln mit Kräutersauce und »wunderlieblich Wein«. Viele Teilnehmer tragen mittelalterliche Kostüme. So mancher reist darin von einem Mittelaltermarkt zum anderen.

Um die Mitte des 12. Jahrhunderts wurde die »Novum Ravenspurch« als Verwaltungsaußenposten der welfischen Ravensburger gegründet. Heinrich von Neuravensburg baute 1260 eine Stadt am Westhang. Zehn Jahre später fiel die Herrschaft an das Kloster Sankt Gallen. Fehden mit den Grafen von Montfort führten zur mehrfachen Zerstörung der Stadt, die dann zum Dorf verkümmerte. 1451 werden Burg und Dorf an die Stadt Lindau verpfändet. In den Bauernkriegen wird die Burg gestürmt und in Brand gesetzt, im 17. Jahrhundert als Schloss wiederaufgebaut und dient fortan den Äbten von St. Gallen als Zuflucht. Nach der Säkularisierung wird das Schloss zum Abbruch weiterverkauft. Der übrig gebliebene Turm wurde 1934 zum ersten Mal renoviert.

Adresse Burgberg, D-88239 Wangen im Allgäu-Neuravensburg | Pkw Autobahn A 96, Ausfahrt Neuravensburg, Beschilderung zum Ort auf L 320 Bodenseestraße folgen, Aufgang zur Burg am Hagmühlweg, dort kostenlos parken | ÖPNV mit der DB nach Wangen, dann Bus 192 nach Neuravensburg | Tipp Im nahen Stockenweiler befindet sich ein Landgasthof, der als Gourmet-Restaurant weit und breit bekannt ist. Eine Spezialität des Küchenchefs sind seine selbst gezüchteten Krebse.

105 Die Obere Argenbrücke

Moderne Architektur auf der Autobahn

Eine moderne Brücke mit roten Tragseilen überspannt auf der A 96 zwischen den Autobahnausfahrten Wangen und Weißensberg die Argen, die bei Langenargen in den Bodensee mündet. Die 173 Kilometer lange Autobahn ist die bedeutendste Ost-West-Verbindung zwischen der bayerischen Landeshauptstadt München und Bayerisch-Schwaben sowie den angrenzenden Gebieten Baden-Württembergs. Bei Lindau geht sie in die A 14 über und ist somit ein wichtiger Verkehrsweg in Richtung Vorarlberg, Schweiz und darüber hinaus nach Norditalien. Mit 30.000 bis 90.000 Fahrzeugen wird die A 96 täglich belastet. Schon 1960 waren die ersten Pläne für ihre Verwirklichung entworfen, doch erst zwischen 1970 und 2008 konnte sie in mehreren Bauabschnitten fertiggestellt werden.

Über die Argen führen sehr viele Brücken und Stege aus Holz, Beton oder Stahl. Eine der ältesten ist die Hängebrücke nahe der Mündung. Zahlreiche Fußgängerbrücken im unteren Bereich sind in Seiltechnik ausgeführt und stehen unter Denkmalschutz.

Die größte Brücke aber ist die von 1985 bis 1990 erbaute kombinierte Stahlbeton- und Seilbrücke mit Pylon bei Neuravensburg auf der A 96. Ihre Gesamtlänge beträgt 730 Meter, die eigentliche Hängebrücke 250 Meter. Sie hat die von Weitem sichtbaren oberen roten Verspannungen, die schräg zu dem nur 55 Meter hohen Pylon aus Stahlbeton am südlichen Brückenende laufen. Dieser hat in Höhe der Brückenachse zwei Seilabspannungen, die im Überbau verankert sind. Die unteren Verspannungen, die der Autofahrer nicht sieht, sind am ersten Talpfeiler im Überbau verankert.

Im Jahr 2011 stieß ein Lastwagen auf der Brücke mit einem Baustellenfahrzeug zusammen, durchbrach die Leitplanke und das Brückengeländer. Zum Glück blieb er hängen und schwebte 40 Meter über dem Abgrund. Erst nach vier Stunden konnte der im Führerhaus eingeklemmte Fahrer schwer verletzt aus seiner misslichen Lage befreit werden.

Adresse Argenbrücke, A 96, D-88239 Wangen im Allgäu-Neuravensburg | Pkw A 96 Lindau–München, bei Neuravensburg, zwischen Ausfahrt Wangen und Weißensberg | Tipp Das Schloss Achberg oberhalb der Argenschlucht zwischen Lindau und Wangen enthält nicht nur Meisterwerke barocker Stukkateurkunst, sondern bietet auch vom Frühjahr bis zum Herbst Ausstellungen und Konzerte.

106 Das Galgenkreuz

Mahnmal der Hexenverfolgung

Nur wenige wissen von dem Galgenkreuz auf der Halde von Hege, einem Ortsteil von Wasserburg am Bodensee. Auf der Anhöhe, oberhalb des Reitstalls von Ernst Lang, ragt es in die Höhe. Von hier bietet sich ein freier Blick auf Wald und grüne Weiden. Für die Gepeinigten dieses dunklen Kapitels der Wasserburger Geschichte war dieser Blick das Letzte, was sie sahen. Sie waren Opfer der Hexenverfolgungen in der Fuggerzeit. Jakob Fugger, einer der reichsten Männer seiner Zeit, hatte die Herrschaft Wasserburg von seinem Schwiegersohn Hans Montfort erworben, weil der wegen seiner Repräsentationssucht und den damit verbundenen gewaltigen Bauvorhaben ständig in Geldnot war.

Am Galgenkreuz hängt unten ein Schild mit dem Wappen der Fugger und einem Zitat des römischen Dichters Titus Maccius Plautus: »Homo homini lupus« – der Mensch ist des Menschen Wolf. Außerdem sind 26 Namen von Bewohnern aus der Umgebung, von Enzisweiler, Mitten und Nonnenhorn, zu lesen, die zwischen 1597 und 1664 der Hexerei angeklagt und hier oben verbrannt wurden. Selbstverständlich unter dem Beisein vieler Gaffer. Allerdings wurden nicht alle bei lebendigem Leib den Flammen übergeben. »Wenn der Fuggergraf sie großzügigerweise ›begnadigt‹ hatte, so fand die Verbrennung erst nach der Enthauptung statt«, sagt Ortsheimatpfleger Friedolin Altweck, der im Jahr 2009 dieses Galgenkreuz initiiert hat, nach dem Beispiel von Pfarrer Sieger Köder aus Ellwangen.

Das Galgenkreuz soll an eine schlimme Zeit erinnern, wobei der Galgenarm »den unmenschlichen Akt der Hinrichtung von Menschen durch Menschen« darstellt und das Kreuz selbst »die Hoffnung auf Erlösung durch den Kreuzestod Jesu Christi«, wie Altweck erläutert. »Dass der Mensch zum Wolfswesen entarten kann, ist eine Einsicht, die bis in unsere Tage nicht an Aktualität eingebüßt hat, wenn man an die nationalsozialistische Zeit zurückdenkt.«

Adresse Hege 2 bei D-88142 Wasserburg-Hege | Pkw B 31, Abfahrt Wasserburg-Hege, oberhalb des Reiterhofs Ernst Lang, Fußweg etwa 500 Meter | ÖPNV Bahnhof Wasserburg, dann zu Fuß nach Hege | Tipp Eine Wanderung über die Hügel des Hinterlandes ist besonders im Frühling schön, wenn die Obstbäume ringsherum blühen. Von den Anhöhen hat man einen Blick auf den See und die schneebedeckten Alpen.

107 Das Malhaus

Von dunkler Vergangenheit im hellem Gebäude am See

Der reiche Jakob Fugger ließ Ende des 16. Jahrhunderts gegenüber vom Schloss, direkt am See, ein neues Gerichtshaus erbauen: kleine Gefängniszellen im Erdgeschoss und ein Gerichtssaal im ersten Stock mit einer flach gewölbten »Lindauer Decke« und großen Fenstern zur Seeseite. In diesem sogenannten Malhaus fanden die »Wasserburger Hexenprozesse« statt, denen es seine schaurige Berühmtheit verdankt. In dem relativ kurzen Zeitraum von 1656 bis 1664 wurden hier 31 Personen der Hexerei angeklagt, vier freigelassen, eine beging Selbstmord, und einer Witwe gelang die Flucht. Der Fuggersche Oberamtmann Bartholomäus Heuchlinger, der eng mit dem Lindauer Rechtsgelehrten Dr. Johann Jakob Dilger zusammenarbeitete, war Denunzierungen sehr zugänglich. Die Anklagepunkte reichten vom Wettermachen über Vieh verhexen, Schänden von Hostien und Hexenritten auf Besen bis zur Unzucht mit dem Teufel. War der Prozess erst im Gange, kam es ganz schnell über die wahnsinnig schmerzhaften Folterungen zu einem Geständnis der vermeintlichen Delinquenten. Damit sie mit ihren Schmerzensschreien nicht den Gottesdienst in der nahen St.-Georgs-Kirche störten, hatte der Sankt Gallener Scharfrichter Neher, der in Wasserburg dienstverpflichtet war, eine stählerne verstellbare Mundsperre in Birnenform erfunden. Ganze Familien wurden so ausgerottet. Ergreifende Schriftstücke an den Wänden zeugen vom Leid dieser Menschen. Ein Viertel der Opfer war 18 Jahre oder jünger. Der Jüngste der Hingerichteten war der neunjährige Georg Wetzler, der ein besonders grauenhaftes Ende erlitt.

Die Hexenzellen samt Gravuren der Verzweifelten sowie eine Streckleiter sind im Malhaus zu besichtigen, ebenso ein Foto, das den Wasserburger Folterstuhl zeigt. Im ersten Stock finden Wechselausstellungen statt. Das Dachgeschoss ist als Dauerausstellung dem großen Sohn Wasserburgs gewidmet, dem Schriftsteller Martin Walser.

Adresse Halbinselstraße 77, D-88142 Wasserburg, Tel. +49 (0) 8382/89369, www.museum-im-malhaus.de | **Pkw** B 31, Abfahrt Wasserburg, kleiner Parkplatz vor dem Hafen links | **Öffnungszeiten** April–Okt. Di–So 10.30–12.30 Uhr, Mi, Sa, So 14.30–17 Uhr, Mo geschlossen | **Tipp** Das nahe Wasserburger Schloss hat eine große Terrasse direkt am See, wo man bei gutem Wetter herrlich am See sitzen kann.

108 Das Weinrädle

Alter Brauch und junger Wein

Wenn das »Rädle« draußen hängt, schenken die Winzer den letztjährigen eigenen Wein, den »Heurigen«, aus, um Platz für den neuen zu schaffen. Der Brauch geht sogar bis auf Karl den Großen zurück, der in einem Erlass aus dem Jahr 812 den Winzern den Betrieb von »Kranzwirtschaften« erlaubte. Nur im Bodenseeraum spricht man von »Rädle«, sonst von Besen- oder Straußenwirtschaften. Neun Rädle gibt es im Raum Lindau-Wasserburg, Nonnenhorn und Kressbronn.

Die »Wasserburger Weinhalde« gehört zu den südlichsten Lagen am Bodensee und mit 450 Metern auch zu den höchsten Deutschlands. Seit 1983 bauen Magret und Eugen Schmidt dort auf sechs Hektar Land Wein an. Sie waren mit bei den ersten, die 1987 ihre Rädlewirtschaft auch in den kalten Monaten öffneten. Ihr Ausschank im Herbst und Winter befindet sich in einem liebevoll restaurierten, 300 Jahre alten Bauernhaus, vor dem im Sommer ein bunter Bauerngarten prangt. Zum Wein gehört eine zünftige Brotzeit, wie »Dinnete« (ähnlich dem Elsässer Flammkuchen), »Saures Rindfleisch« und frisch gebackenes Holzofenbrot. Das Weingut Schmidt ist ein klassischer Familienbetrieb, bei dem die nächste Generation, die Söhne Sebastian und Maximilian, schon mithilft. Vermarktet wird der Wein zum größten Teil selbst. Nur ein kleiner Teil geht in die Gastronomie, der Rest wird auf dem Hof verkauft und auch versandt. Das Interesse am Bodenseewein wird spürbar größer.

Der Tropfen von hier hat es in sich, besonders wenn ihm zu reichlich zugesprochen wird. Einst machten sich vier kernige alte Lindauer nach einem weinseligen Abend im Herbst wieder auf in Richtung See. Bei dichtem Nebel stiegen sie in ihr »Gondele«. Sie ruderten und ruderten. Allmählich wunderten sie sich, dass weder die Halbinsel Wasserburg noch die Türme der Inselstadt Lindau auftauchten. Sie hatten in ihrem Rausch doch glatt vergessen, den Tampen zu lösen!

Adresse Weingut Schmidt, Hattnau 9, D-88142 Wasserburg-Hattnau, Tel. +49 (0) 8382/89072, vino@wsw.li, www.wsw.li | **Pkw** A 96 Ausfahrt Weißensberg, B 31 Lindau, B 12, L 16, Kreisverkehr Wasserburg 2. Ausfahrt, dann Abfahrt Hege, Hattnau, Hattnauer Straße | **ÖPNV** Bahnhof Wasserburg, Bus 21 nach Hattnau | **Tipp** Eine Wanderung zur Antoniuskapelle in Selmnau ist zu jeder Jahreszeit schön. Sie wurde 1492 erstmals genannt und diente einem Eremiten als Einsiedelei. Man kann dort herrlich auf einer Bank die Aussicht auf See und Berge genießen.

109_ Schwemmholzskulpturen

Dieter Maucher macht dem Treibholz Beine

Schwemmholz kann im Bodensee eine wahre Plage sein. Wenn es viel regnet, bringt der Rhein jede Menge davon mit. Schwimmende Holzinseln lauern dann am Ufer, füllen Häfen auf und stören Schwimmer. Aber einer hat Freude am Schwemmholz, besonders an großen Klötzen. Dieter Maucher zieht sie auf den Strand unterhalb der Marina Prechtl im Wasserburger Ortsteil Reutenen.

Der Mann mit dem schlohweißen Haar und dem ebenso weißen Schnauzbart war ursprünglich Maschinentechniker. So manch getrockneter Wurzelstock wartet in seinem Treibholzlager am Ufer auf seine Metamorphose. Mit großer Spannung geht Maucher an die Objekte heran. Vorher weiß er nie so genau, ob es eine schöne Skulptur wird oder eine Enttäuschung. Zuerst muss so ein Wurzelstock nämlich von Steinen, Lehm und Sand befreit werden. Beim Vordringen erscheinen oft immer neue Steinnester. Mit schwerem Werkzeug werden sie zertrümmert. Erst wenn sie alle entfernt sind, kann er die Kettensäge zur Formgebung einsetzen, denn trifft die Kette auf einen Stein, ist sie sofort stumpf. Manche Höhlungen lassen sich nur von Hand bearbeiten. Nachdem alle morschen Teile entfernt wurden, sind oft interessante Strukturen zu erkennen. Das Runden und Glätten ist sehr zeitaufwendig, doch das Ergebnis kann sich sehen lassen.

Mannsgroße Kopffüßler, barocke Gebilde und archaische Köpfe holt Dieter Maucher aus dem Holz heraus. Sie bevölkern wie Wächter den Strand. Eine weiblich anmutende Figur sitzt schwebend auf einem Sockel am Wasser. In der Ferne liegt die Halbinsel Wasserburg, auf die, so hat es den Anschein, die hölzernen Kopffüßler geradewegs zumarschieren wollen. Ab und zu kommen neugierige Strandläufer vorbei, besonders im Winter, wenn sie wegen des Niedrigwassers an sonst verschlossenen Seegrundstücken entlanglaufen können. So manch einer würde so eine Wächterfigur gern erwerben, aber so viel Arbeit hat ihren Preis!

Adresse Strand unterhalb der Yachtmarina Prechtl, Werftstraße 8–9, D-88142 Wasserburg-Reutenen | **Pkw** von der B 31 nach Wasserburg, Höhenstraße, Fuggerstraße, Reutener Straße, rechts die Marina | **ÖPNV** Bahnhof Wasserburg, dann 20 Minuten Fußweg in Richtung Lindau | **Tipp** Die Halbinsel Wasserburg mit Kirche und Pfarrhaus liegt sehr malerisch in einer Bucht des Bodensees.

110_Der Flugplatz

Mit dem »Fliegenden Bauern« über See und Alpen

An den Wochenenden landen und starten kleinere Flugzeuge und auch motorisierte Flugdrachen auf dem ländlichen Flugplatz von Wildberg bei Weißensberg, während im Hintergrund friedlich Kühe grasen. Start- und Landebahn ist eine hügelige Graspiste von 325 Metern Länge. Besitzer und Betreiber ist der Berufspilot Franz Schnell, Sohn von Georg Schnell, der als flugbegeisterter Bauer hier einst mit den Rundflügen begann. Die Bildzeitung nannte ihn den »Fliegenden Bauern«. Mit Berufspilot Rudolf Reichert, der auch Vorstand des Flugvereins Fliegender Bauer e.V. ist, und mit Flugkapitän sowie -lehrer Herrmann Beck hat Franz Schnell Unterstützung. Zwei Cessna 180 mit jeweils Platz für vier Erwachsene stehen zur Verfügung.

Georg Schnell träumte vom Fliegen, seitdem er als Zehnjähriger in Lindau mit einem Wasserflugzeug von Dornier einen Rundflug machen durfte. Er meldete sich bei Kriegsbeginn freiwillig zur Luftwaffe und geriet 1945 in russische Gefangenschaft, aus der er erst vier Jahre später heimkehrte. Zuerst nahm er seine Arbeit als Bauer wieder auf. In der nahen Schweiz erwarb er die Privatpilotenlizenz und flog auf einer Schweizer Piper J3C. Als Deutschland am 5. Mai 1955 die Lufthoheit zurückbekam, kaufte er die zweisitzige Piper und landete auf der eigenen Wiese. Da immer mehr Nachbarn und Freunde mitkommen wollten, erwarb Schnell für Rundflüge ein viersitziges Sportflugzeug, eine Cessna 180. Im Jahr 1972 verpachtete Schnell die Felder, denn: »Bei Sonnenschein kann man entweder Heu machen oder fliegen.« Er kaufte noch eine zweite Cessna 180 dazu.

Der Sohn Franz Schnell machte schon mit 17 Jahren den Pilotenschein und führt nach dem Tod seines Vaters den Flugbetrieb erfolgreich weiter. In der großen Halle stehen mittlerweile 15 Flugzeuge von Flugbegeisterten. Die alte Piper von Georg Schnell mit der Werbeaufschrift »Fendt« ist auch darunter.

Adresse Flugplatz Wildberg, Am Flugplatz, D-88138 Weißensberg-Wildberg, Tel. +49 (0) 8389/271, flugplatz.wildberg@t-online.de, www.fliegender-bauer.de | **Pkw** A 96, Ausfahrt Weißensberg oder auf der A 81, B 31, B 18 bis Wildberg, linke Seite, großer Parkplatz | **ÖPNV** Lindau Hauptbahnhof, Bus 17, Haltestelle Flugplatz | **Tipp** Weißensberg hat einen Golfplatz mit Clubhotel, auf dessen Terrasse man mit Blick auf die Fairways angenehm Kaffee trinken kann.

111 Die Klosterinsel

Eine Idylle mitten im Seerhein

Ein Holzsteg führt auf die kleine Insel Werd im westlichsten Teil des Untersees, kurz vor der Stelle, an der der Rhein den Bodensee endgültig wieder verlässt. Die 1,59 Hektar große Insel liegt auf Schweizer Gebiet im Kanton Thurgau, zwischen Stein am Rhein und Eschenz. Schon die Römer hatten hier eine erste Holzbrücke gebaut. Ob ihnen nicht ganz wohl war bei der Überquerung? Es wurden Tausende von römischen Münzen im Wasser gefunden, womit sie vermutlich den Flussgott gnädig stimmen wollten.

Am Ende des auch ohne Münzopfer sicheren 125 Meter langen Steges steht ein schneeweißes Haus mit Treppengiebel und auffallend gemusterten Fensterläden. Beim Näherkommen wird auch die kleine, ebenso strahlend weiße angebaute Kapelle sichtbar. Hier möchte man direkt Mönch werden! Franziskaner haben seit 1957 das Anwesen, das dem Benediktinerkloster Einsiedeln gehört, gepachtet. Drei Mönche leben auf diesem idyllischen Fleck und helfen, wie ihr Ordensgründer Franziskus, Menschen in schwierigen Situationen.

Die Gründung des Klosters geht auf die Verbannung des heiligen Otmar zurück. Der Abt des Klosters St. Gallen war den fränkischen Herrschern zu tüchtig. Sie verurteilten ihn im Jahr 759 zum Hungertod auf der Insel Werd. Hier starb er am 16. November des gleichen Jahres. Sein Leichnam wurde zehn Jahre später von seinen Ordensbrüdern nach St. Gallen zurückgeholt. Nach seiner Rehabilitierung und Heiligsprechung entstand schon 864 auf dem abgelegenen Fleck ein kleiner Konvent der Benediktiner. Über der ehemaligen Grabstätte auf der Insel Werd war bereits im 10. Jahrhundert eine Kapelle mit eingezogenem Rechteckchor gebaut und dann mehrmals umgestaltet worden. Das Priesterhaus erneuerte man um 1900 als Treppengiebelhaus unter Einbeziehung des Vorgängerbaus.

Im Klostergarten lädt ein uraltes Menschheitssymbol, ein Labyrinth, dazu ein, den eigenen Weg zu finden.

Adresse Insel Werd, CH-8264 Eschenz, Tel. +41 (52) 741/2662 | Pkw Schweizer Uferstraße 13 bis Eschenz, dort auf einen Parkplatz an der Brücke, über die man zu Fuß die Insel Werd erreicht | ÖPNV S 8 in Richtung Schaffhausen bis Eschenz, 16 Minuten zu Fuß zur Insel Werd | Tipp Ähnlich idyllisch ist die Propstei Wagenhausen etwas weiter direkt am Rhein gelegen. Die Glocke der Kirche hat das Gussjahr 1291 und ist eine der ältesten funktionierenden Glocken der Schweiz.

1
TUTTLINGEN
Neuhausen ob Eck
MESSKIRCH
Sauldorf
Wald
PFULLENDORF
N
0
5 km
Kartographie: © www.atlanticek.de
14
313
39
Hohenfels
3
ENGEN
Eigeltingen
AACH
31
STOCKACH
Herdwangen-Schönach
Illmensee
A81
-Ehingen
Volkertshausen
A98
Stockacher Aach
Ludwigshafen
Frickingen
Heiligenberg
Mühlhausen-
Steißlingen
Bodman
Sipplingen
716 m
4
33
34
Stecken-loch
Überlinger See
Neuweiher
Aach
Hilzingen
SINGEN
RADOLFZELL
Salem
A81
Rielasingen-
Worblingen
Mindelsee
ÜBERLINGEN
31
Uhldingen-Mühlhofen
Bermatingen
Biber
Zeller See
Gnadensee
Allensbach
Daisendorf
Gailingen
Ramsen
33
MEERSBURG
Diessenhofen
Gaienhofen
Reichenau
Untersee
Ermatingen
Hagnau
31
Stein a. Rh.
Öhningen
KONSTANZ
Steckborn
13
Immenstaad
Eschenz
Tägerwilen
KREUZLINGEN
16
Scherzingen
Müllheim
A7
Otten-berg 681 m
Altnau
Güttingen
Pfyn
1
13
Thur
Berg
ROMANSHORN
FRAUENFELD
Imen-berg 707 m
WEINFELDEN
Aach
Salmsach
A7
Bürglen
14
AMRISWIL
Murg
16
Sulgen
Kradolf
Wiesendangen
A1
Matzingen
7
Sitter
WINTERTHUR
Elgg
Münchwilen
Bronschhofen
Nieder-helfenschwil
Bischofszell
Eschlikon
WIL
Thur
Niederbüren
Waldkirch
Zell
Oberbüren
Turbenthal
Uzwil
Andwil
Wila
Glatt
Kirchberg
Flawil
A1
GOSSAU
15
Lütisburg
Necker
16
Degersheim
HERISAU
Urnäsch
Pfäffikon
Töss
Bütschwil
Pfäffiker See
Bauma
Mogelsberg
Waldstatt
Thur
Ober-helfenschwil
Schwellbrunn
Bäretswil
Gonten
WETZIKON
Fischenthal
8
Lichtensteig
Urnäsch

2
N
0
5 km
Kartographie: © www.altancicek.de
Ostrach
Ebersbach
AULENDORF
Altshausen
Ried hausen
32
Wolperts- wende
Schussen
BAD WALDSEE
08
30
BAD WURZACH
Rohr- see
Wilhelmsdorf
Fronreute
Illmen- see
Bergatreute
Wolfegger Ach
465
Baindt
Baienfurt
Wolfegg
Ellerazhofer Weiher
A96
Deggenhausertal
Berg
WEINGARTEN
4
Rotach
RAVENS- BURG
Schlier
Vogt
Waldburg
5
Kißlegg
33
Grünkraut
32
MARKDORF
Meckenbeuren
Bodnegg
Amtzell
Schussen
467
WANGEN
Argenbühl
30
32
FRIEDRICHSHAFEN
TETTNANG
Neukirch
Hergatz
12
Obere Argen
Gestratz
Eriskirch
Argen
Opfenbach
Heimenkirch
Röthenbach
Achberg
A96
Hergensweiler
32
12
Sigmarszell
LINDENBERG
Kressbronn
Langenargen
31
Weißensberg
Scheidegg
308
Simmerberg
Nonnenhorn
Bodolz
Wasserburg
LINDAU
Hörbranz
Hochberg 1069 m
Oberreute
Egnach
Lochau
ARBON
Pfänder 1064 m
Langen
Sulzberg
Roggwil
Steinach
BREGENZ
88
Horn
Berg
A11
Hard
Riefensberg
RORSCHACH
Alter Rhein
Fußach
202
Bregenzer Ach
Buch
Weißach
Wittenbach
A1
Thal
Gaißau
Kennelbach
Hittisau
Goldach
Rheineck
Höchst
Rhein
Lauter- ach
Wolfurt
Alberschwende
37
38
Eggersriet
A14
Lingenau
93
Heiden
St. Margrethen
200
Egg
Schwarzen- berg
ST. GALLEN
Wald
Au
Lustenau
Andelsbuch
DORNBIRN
Teufen
Trogen
16
Bezau
09
Bühler
ALTSTÄTTEN
Diepoldsau
Bregenzer Ach
Gais
Rietaach
A13
190
Staufen 1465 m
Mörzel- spitz 1830 m
Sitter
Mäder
13
Hohenems
Mellau
Appenzell
Oberriet
Götzis
Damülser Mittagsspitze 2095 m
07
Koblach
Au
96
Klaus

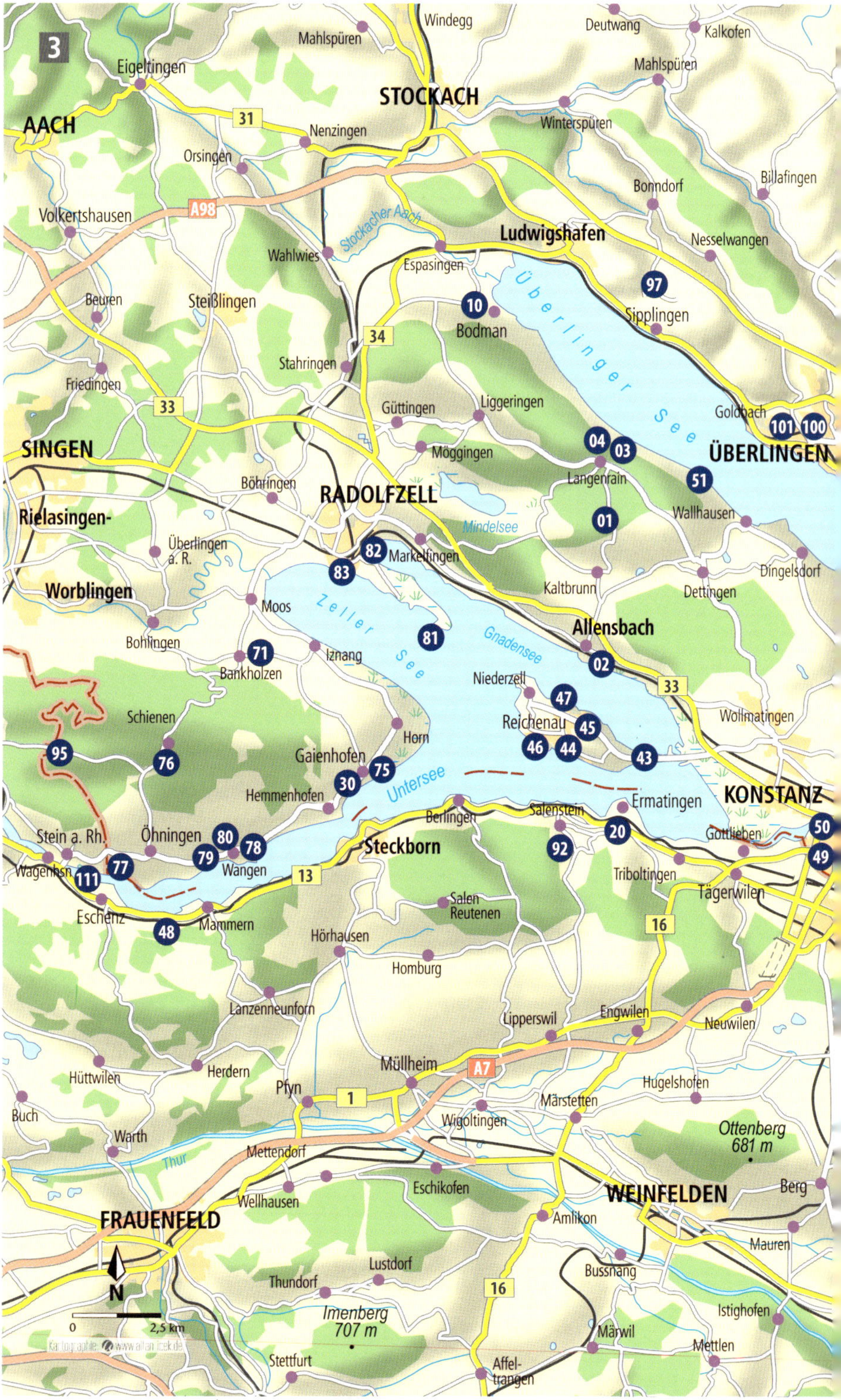
3
AACH
Eigeltingen
Mahlspüren
Windegg
Deutwang
Kalkofen
Mahlspüren
STOCKACH
Winterspüren
31
Nenzingen
Orsingen
Bonndorf
Billafingen
Volkertshausen
A98
Stockacher Aach
Ludwigshafen
Nesselwangen
Wahlwies
Espasingen
97
Beuren
Steißlingen
10
Bodman
Sipplingen
Überlinger See
34
Stahringen
Friedingen
33
Güttingen
Liggeringen
Goldbach
101
100
SINGEN
Möggingen
04
03
ÜBERLINGEN
Langenrain
51
Böhringen
RADOLFZELL
Rielasingen-
Wallhausen
Mindelsee
01
Überlingen a. R.
82
Markelfingen
Dingelsdorf
83
Kaltbrunn
Dettingen
Worblingen
Moos
Zeller See
81
Gnadensee
Allensbach
Bohlingen
71
Iznang
02
Bankholzen
Niederzell
33
47
Wollmatingen
Schienen
Reichenau
45
Horn
46
44
95
76
Gaienhofen
75
43
30
Untersee
KONSTANZ
Hemmenhofen
Ermatingen
Berlingen
Salenstein
Stein a. Rh.
Öhningen
80
78
Steckborn
20
50
Wagenhsn
77
79
Wangen
92
Gottlieben
111
49
13
Triboltingen
Tägerwilen
Eschenz
Mammern
Salen Reutenen
48
16
Hörhausen
Homburg
Lanzenneunforn
Lipperswil
Engwilen
Neuwilen
Müllheim
A7
Hüttwilen
Herdern
Hugelshofen
Pfyn
1
Märstetten
Buch
Wigoltingen
Ottenberg 681 m
Warth
Thur
Mettendorf
Eschikofen
Berg
WEINFELDEN
Wellhausen
FRAUENFELD
Amlikon
Mauren
N
Bussnang
Lustdorf
Thundorf
16
Imenberg 707 m
Istighofen
0
2,5 km
Märwil
Kartographie: www.atlantic-blick.de
Mettlen
Stettfurt
Affeltrangen

4
Lippertsreute
Leustetten
Beuren
Limpach
Bambergen
Neuweiher
Rickenbach
Aach
Weildorf
Wittenhofen
Rotach
Kappel
Salem
Unter-siggingen
Roggen-beuren
Urnau
Deisendorf
ÜBERLINGEN
91
Mimmenhausen
Neufrach
31
Nußdorf
102
10
Mühlhofen
Buggensegel
Hefig-kofen
Bermatingen
Uhldingen
Ahausen
MARKDORF
Litzelstetten
Daisendorf
Baitenhausen
Oberteuringen
Hepbach
42
Ittendorf
MEERSBURG
Lipbach
Efrizweiler
69
70
Kluftern
25
Ailingen
Stetten
Berg
Staad
31
Kippenhausen
Fischbach
Waggers-hausen
Hagnau
Schnetzen-hausen
26
KONSTANZ
40
41
21
Immenstaad
22
24
27
KREUZLINGEN
FRIEDRICHSHAFEN
56
Bottighofen
Münsterlingen
Scherzingen
06
Siegershausen
Zuben
13
Güttingen
Altnau
Illighausen
Kesswil
Lang-rickenbach
Birwinken
Happertswil
Uttwil
Mattwil
Dozwil
Sommeri
ROMANSHORN
Engishofen
Leimbach
Aach
Salmsach
Erlen
Bürglen
Egnach
AMRISWIL
Riedt
14
Sulgen
Kradolf
Frasnacht
Zihlschlacht
Neukirch
ARBON
Muolen
Roggwil
Sitterdorf
Sitter
Steinach
Lömmenschwil
A11
Horn
Häggenschwil
Berg
Tübach
Bischofszell
Thur
RORSCHACH
N
Hauptwil
Mörschwil
90
89
0
2,5 km
Goldach
Waldkirch
Wittenbach
Kronbühl
Rorschacherberg

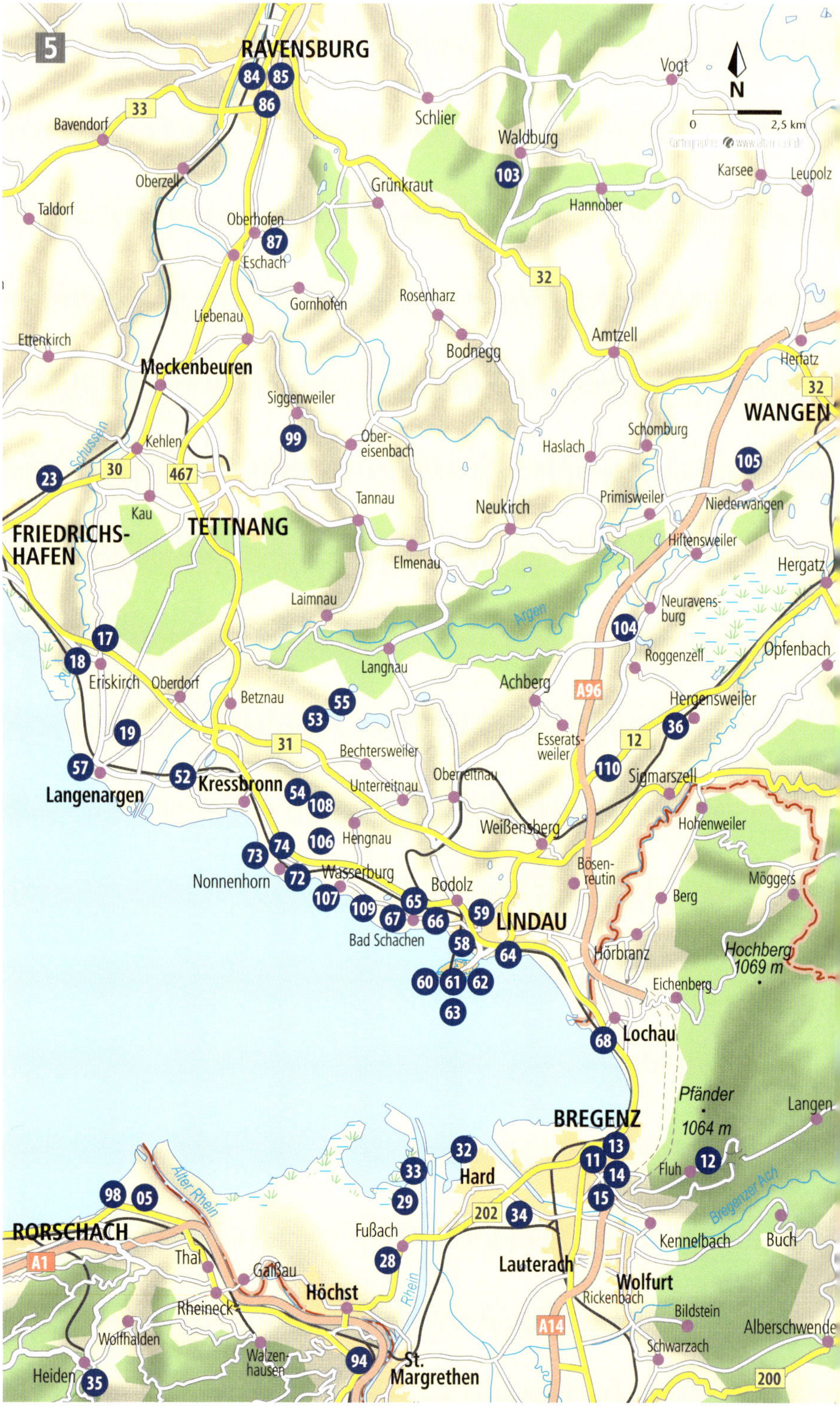
5
RAVENSBURG
84
85
86
33
Bavendorf
Schlier
Vogt
N
0
2,5 km
Waldburg
103
Karsee
Leupolz
Oberzell
Grünkraut
Hannober
Taldorf
Oberhofen
87
Eschach
32
Gornhofen
Rosenharz
Liebenau
Amtzell
Ettenkirch
Bodnegg
Herfatz
Meckenbeuren
32
Siggenweiler
WANGEN
99
Schomburg
Ober-
eisenbach
Haslach
Kehlen
105
Schussen
23
30
467
Primisweiler
Niederwangen
Kau
Tannau
Neukirch
FRIEDRICHS-
HAFEN
TETTNANG
Hiltensweiler
Elmenau
Hergatz
Laimnau
Neuravens-
burg
Argen
104
17
Opfenbach
18
Roggenzell
Langnau
Eriskirch
Oberdorf
Achberg
A96
Betznau
55
Hergensweiler
53
36
19
Esserats-
weiler
12
31
Bechtersweiler
57
110
52
Oberreitnau
Sigmarszell
Langenargen
Kressbronn
Unterreitnau
54
108
Hohenweiler
Hengnau
Weißensberg
106
74
73
Bösen-
reutin
Wasserburg
Nonnenhorn
72
Möggers
Bodolz
Berg
107
65
109
59
67
66
LINDAU
Bad Schachen
58
Hörbranz
64
Hochberg
1069 m
60
61
62
Eichenberg
63
Lochau
68
Pfänder
1064 m
Langen
BREGENZ
13
32
11
12
33
14
Fluh
Hard
29
15
Alter Rhein
98
05
Bregenzer Ach
202
34
RORSCHACH
Fußach
Kennelbach
Buch
A1
Thal
28
Lauterach
Gaißau
Wolfurt
Höchst
Rickenbach
Rheineck
Rhein
Bildstein
Wolfhalden
A14
Alberschwende
Walzen-
hausen
Schwarzach
94
St.
Margrethen
Heiden
35
200

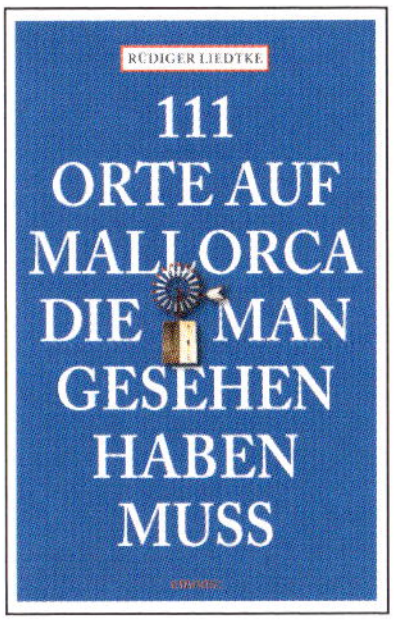

Rüdiger Liedtke
111 Orte auf Mallorca, die man gesehen haben muss
ISBN 978-3-89705-975-7

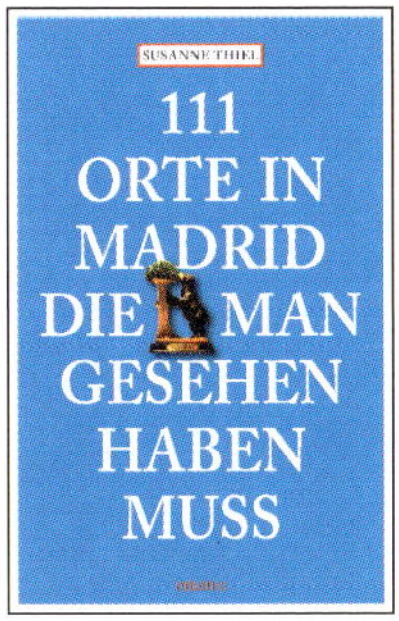

Susanne Thiel
111 Orte in Madrid, die man gesehen haben muss
ISBN 978-3-95451-118-1

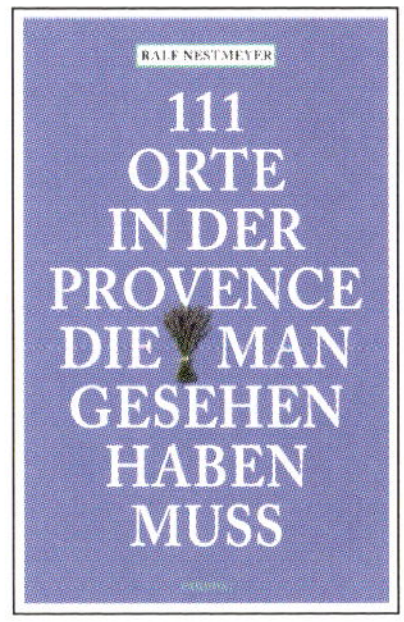

Ralf Nestmeyer
111 Orte in der Provence, die man gesehen haben muss
ISBN 978-3-95451-094-8

Peter Eickhoff
111 Orte in Wien, die man gesehen haben muss
ISBN 978-3-89705-969-6

Stefan Spath
111 Orte in Salzburg, die man gesehen haben muss
ISBN 978-3-95451-114-3

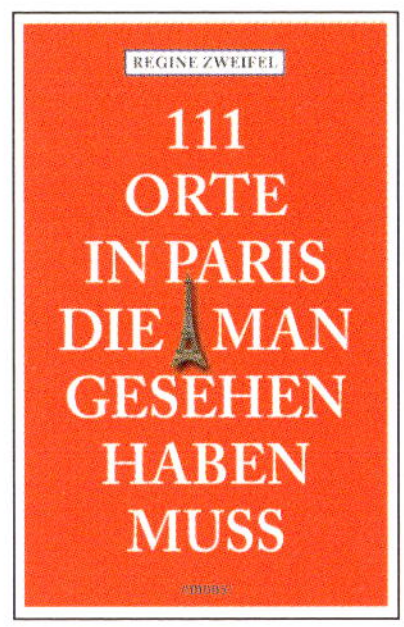

Regine Zweifel
111 Orte in Paris, die man gesehen haben muss
ISBN 978-3-89705-823-1

Dirk Engelhardt
111 in Barcelona, die man gesehen haben muss
ISBN 978-3-95451-066-5

Bernd Imgrund
111 Kölner Orte, die man gesehen haben muss
Band 1
ISBN 978-3-89705-618-3

Lucia Jay von Seldeneck, Carolin Huder, Verena Eidel
111 Orte in Berlin, die man gesehen haben muss
ISBN 978-3-89705-853-8

Peter Eickhoff
111 Düsseldorfer Orte, die man gesehen haben muss
ISBN 978-3-89705-699-2

Fabian Pasalk
111 Orte im Ruhrgebiet, die man gesehen haben muss
ISBN 978-3-89705-814-9

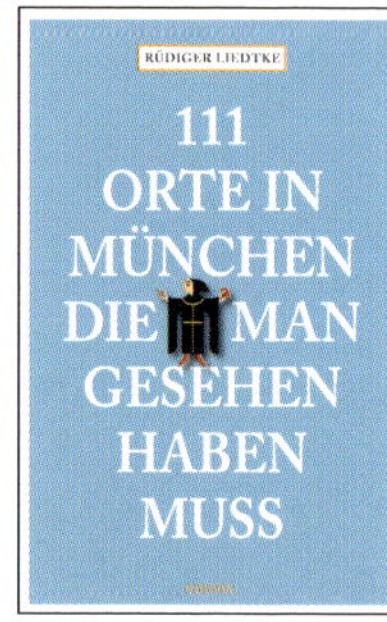

Rüdiger Liedtke
111 Orte in München, die man gesehen haben muss
ISBN 978-3-89705-892-7

Gabriele Kalmbach
111 Orte in Dresden, die man gesehen haben muss
ISBN 978-3-89705-909-2

Oliver Schröter
111 Orte in Leipzig, die man gesehen haben muss
ISBN 978-3-89705-910-8

René Förder
111 Orte in Sachsen-Anhalt, die man gesehen haben muss
ISBN 978-3-89705-911-5

Rike Wolf
111 Orte in Hamburg, die man gesehen haben muss
ISBN 978-3-89705-916-0

Thomas Baumann
111 Orte in der Kurpfalz, die man gesehen haben muss
ISBN 978-3-89705-891-0

Lisa Graf-Riemann und Ottmar Neuburger
111 Orte im Berchtesgadener Land, die man gesehen haben muss
ISBN 978-3-89705-961-0

Daniela Bianca Gierok
und Ralf H. Dorweiler
111 Orte im Schwarzwald, die man gesehen haben muss
ISBN 978-3-89705-950-4

Barbara Goerlich
111 Orte auf der Schwäbischen Alb, die man gesehen haben muss
ISBN 978-3-89705-948-1

Lucia Jay von Seldeneck,
Carolin Huder, Verena Eidel
111 Orte in Berlin,
die Geschichte erzählen
ISBN 978-3-95451-039-9

Stefanie Jung
111 Orte in Mainz, die man gesehen haben muss
ISBN 978-3-95451-041-2

Gabriele Kalmbach
111 Orte in Stuttgart, die man gesehen haben muss
ISBN 978-3-95451-004-7

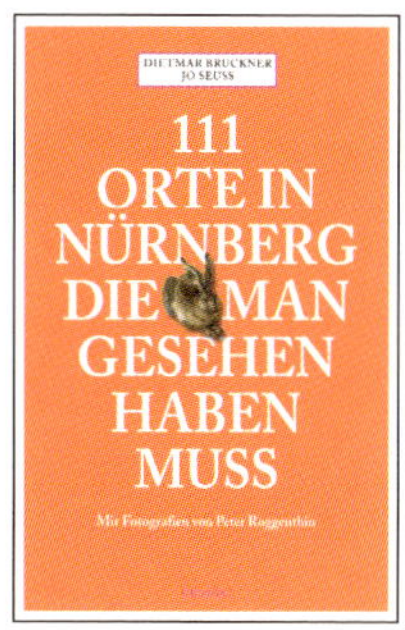

Dietmar Bruckner, Jo Seuß
111 Orte in Nürnberg, die man gesehen haben muss
ISBN 978-3-95451-042-9

Ulf Annel
111 Orte in Erfurt, die man gesehen haben muss
ISBN 978-3-95451-022-1

Oliver Schröter
111 Orte in Sachsen, die man gesehen haben muss
ISBN 978-3-95451-021-4

Reiner Vogel
111 Orte in Regensburg, die man gesehen haben muss
ISBN 978-3-95451-054-2

Die Autorin

Dietlind Castor, Reisejournalistin und Fotografin, ist vom Saarland nach Bayern »ausgewandert«, wo sie seit vierundvierzig Jahren direkt am Ufer des Bodensees in Lindau lebt. Von jeder ihrer Reisen kehrt sie mit Freude an »ihren« See zurück.